Destruction and Reconstruction in Human Socictics:
From Historical and Anthropological Perspectives

破壊と再生の歴史・人類学

——自然・災害・戦争の記憶から学ぶ

編著
伊藤純郎・山澤 学
Edited by Junro ITO, Manabu YAMASAWA

筑波大学出版会

Destruction and Reconstruction in Human Societies:
From Historical and Anthropological Perspectives
Edited by Junro ITO, Manabu YAMASAWA

University of Tsukuba Press, Tsukuba, Japan
Copyright © 2016 by Junro ITO, Manabu YAMASAWA
ISBN978-4-904074-41-1 C1020

目　次

変革期の破壊と再生研究序説　　　　　　　　　　　　山澤　学 … v
　　はじめに ………………………………………………………………… v
　1. 変革期の「破壊」……………………………………………………… vi
　2. 「再生」への射程 ……………………………………………………… vii
　3. 本書の構成 ……………………………………………………………… ix

第Ⅰ部　生活の場における破壊と社会秩序の再生 ……………… 1

1　古墳の造営と地域社会
　　　古墳による集落の破壊とその背景　　　　　　　滝沢　誠 … 3
　　はじめに ………………………………………………………………… 3
　1. 墳丘下遺構の把握 ……………………………………………………… 5
　　　墳丘下遺構の調査　5／土器の年代　6／層位学的理解の重要性　6
　2. 墳丘下遺構の事例 ……………………………………………………… 9
　　　三王山南塚2号墳　9／神門3号墳・同4号墳　10／大厩浅間様古墳　12／藤本観音山古墳　14
　3. 墳丘下遺構のあり方 …………………………………………………… 16
　　　存在形態の整理　16／時期の偏り　17
　4. 古墳と集落 ……………………………………………………………… 19
　　　古墳時代前期における人の動き　19／集落の流動性と継続性　20／地域社会の変化　22
　　おわりに ………………………………………………………………… 22

2　自然災害の記録と社会
　　　『信州浅間山焼記』を事例に　　　　　　　　　山澤　学 … 27
　　はじめに ………………………………………………………………… 27
　1. 『信州浅間山焼記』の書誌 …………………………………………… 30
　　　『信州浅間山焼記』の書誌と筆者　30／届書を集めた災害記録　31
　2. 有史における浅間山の火山活動 ……………………………………… 33
　　　信州・上州にまたがる浅間山　33／活火山としての浅間山　34

3.『信州浅間山焼記』から見た天明3年の噴火……………………………… 35
   信濃国小諸からの届書 35／上野国高崎からの届書 37／栗橋関所番士からの届書 38
4.『信州浅間山焼記』の関心事…………………………………………… 40
   謎を呼ぶ金沼村 40／真木の屋志げきの関心の所在 42
おわりに………………………………………………………………… 45

3 景勝地の風景美の変容
近代の松島を事例として　　　　　　　　　　　　　　　　中西僚太郎 …49

はじめに………………………………………………………………… 49
1. 松島真景図について…………………………………………………… 51
   作成年代 51／作成主体と作成目的 53／図面構成 58／構図と描写範囲 59
2. 松島真景図の表現内容………………………………………………… 61
   松島真景図の記載項目 61／松島案内記・写真帖との比較 65
おわりに………………………………………………………………… 70

4 テロリストの原風景
血盟団事件と「常陸三浜」　　　　　　　　　　　　　　　　伊藤純郎 …73

はじめに………………………………………………………………… 73
1. 茨城青年組―テロリストの原初―……………………………………… 75
   演芸集団「天狗連」75／「天狗連」と古内栄司 79
2. テロリストへの道……………………………………………………… 81
   日召との出会い 81／国家改造運動―暗殺、捨石、革命、一殺多生― 83
3. テロリストの原風景…………………………………………………… 85
   「常陸三浜」85／「理論」よりも「実行」87
おわりに………………………………………………………………… 89

5 津波とともに生きる人びと
東日本大震災被災地でのフィールドワークから　　　　　　木村周平 …93

はじめに―天災は忘れた頃にやってくる―……………………………… 93
1. 記憶、忘却、風化、文化………………………………………………… 96
2. 現地で出会ったこと―災害文化の"解剖"―…………………………… 99
   海を見に行く 99／"フッコウチ" 101／石碑はいらない 104
おわりに―津波被災地の破壊と再生―…………………………………… 107

第Ⅱ部　戦争の暴力と戦後社会の再生 ……………………………… 111

6　英霊礼讃
　　戦死の神話化と戦争の享楽　　　　　　　　　　村上宏昭 …113

　　はじめに ……………………………………………………………… 113

　1. 戦死の神話化 ……………………………………………………… 115
　　　兵士の英雄性　115　／戦死の民主化　117　／無音の神聖性　120

　2. 戦争の享楽 ………………………………………………………… 122
　　　戦争の凡庸化　122　／絵葉書の戦争　124　／国民の英雄から無名の個人へ　127

　　おわりに ……………………………………………………………… 130

7　第二次世界大戦の記憶とアメリカ
　　オーラル・ヒストリーから見た「リベット工ロージー」　佐藤千登勢 …135

　　はじめに ……………………………………………………………… 135

　1.「リベット工ロージー」という表象 …………………………… 137

　2.「大きな物語」としての「リベット工ロージー」 …………… 142

　3.「リベット工ロージー」のオーラル・ヒストリー …………… 144
　　　軍需工場への就職　144　／「女性の仕事」の創出　146　／結婚観、家庭観の変化　148　／消費と娯楽の主体としての女性　150　／人種関係の変化　151　／終戦による離職と戦後の人生　152

　　おわりに ……………………………………………………………… 154

8　知識人の実践からみる日本社会の「再生」
　　民俗学者による参与の批判的考察　　　　　　　　　中野　泰 …159

　　はじめに―敗戦後における日本社会「再生」の教訓― ………… 159

　1. GHQ下の社会調査 ……………………………………………… 160
　　　GHQ　160　／学術的な"National Society"調査研究　162　／漁業法　164

　2. 社会調査と知識人 ………………………………………………… 165
　　　アドバイザーとして参与する知識人　165　／GHQ側の姿勢の明確化過程　167　／知識人の役割　169

　3. 一知識人による経験の批判的考察 ……………………………… 171
　　　雇用規定を越えた行為　171　／越権行為の意義　172

　　おわりに―知識人が現実社会と関わる場の構造― ……………… 174

9 軍用地返還の経緯と跡地利用の実体験
　沖縄県・西原飛行場周辺の土地と生活　　　　　　　　　　武井基晃 …183
　　はじめに ………………………………………………………………… 183
　1. 西原飛行場略史―肥沃な畑が飛行場に―……………………………… 184
　　軍用地返還の背景　184／西原・中城における軍用地の接収―日本軍から米軍―　185／返還に先立って　186
　2. 調査地概要……………………………………………………………… 187
　　古村と新村　187／西原飛行場周辺の集落　188
　3. 軍用地返還の実体験―現地調査および当時の議事録より―…………… 189
　　軍用地返還1―中城村での現地調査より―　189／軍用地返還2―西原村議会会議録より―　190
　4. 返還後の跡地利用と統合拝所……………………………………………… 192
　　工場誘致―西原町小那覇の下―　192／統合拝所―西原町仲伊保、中城村和宇慶―　194
　5. 農地整備と1つの門中からなる自治会…………………………………… 196
　　字まるごと畑地に―中城村南浜―　196／祭祀を介した住民の結束　197
　　おわりに………………………………………………………………… 199

あとがき　　　　　　　　　　　　　　　　　　　　　　　　伊藤純郎 …205

著者紹介 ……………………………………………………………………… 207

変革期の破壊と再生研究序説

山澤　学

はじめに

　本書は、筑波大学大学院人文社会科学研究科歴史・人類学専攻による共同研究課題である「人類・文明史における「破壊」の歴史・人類学的研究」の成果を広く発信すべく編まれたものである。
　私たちは、グローバルな現代文明を生きるなかで、革命・戦争・テロリズムなどの社会的暴力、あるいは自然災害、地球規模の環境破壊など、さまざまな形態の「破壊」に直面している。そして、「破壊」後には、新たな未来を構想し、到達するべく、「再生」への方途を模索する。このような状況は、人類・文明史における過去の変革期にもしばしば出現した。本書は、このような変革期に出現した戦争、および自然災害・環境介入に注目し、それらの「破壊」の後に人々がどのようにして「再生」の方法を見出してきたのか、多様な事例から検証することを通じ、現代の私たちに課されている問題を問いかけることを目的としている。
　そもそも本研究は、平成13年（2001）4月に歴史・人類学専攻が旧大学院歴史・人類学研究科を改組して発足した際に構想され、開始された共同研究に淵源があり、その当初の成果は川西宏幸・立川孝一教授（現 名誉教授）の御尽力によって報告書『自然・人間・文化―破壊の諸相―』（以下、前報告書と称する）として刊行されている。以後も専攻担当教員がそれぞれ各論を展開してきたが、ある「事件」を機に、新たな展開を目指したことが本書を誕生させることになった。

ある「事件」とは、平成23年（2011）3月11日の東日本大震災・福島第一原子力発電所事故に他ならない。歴史学・人類学のみならず、人文社会系の研究者すべてにとって、何ができるのか、何をすべきなのか、学問に向き合う者としての社会的責任を改めて問い質すことになった「事件」である。歴史災害学のような、過去の災害の過程・実態を解明することもそうしたものにあたるのかもしれないが、一方で、「災後」への取り組みに参与し、「災後」へ提言しうる研究こそが必要なのではないか。身近にいる教員・大学院学生の間ではこのような認識（あるいは危機感）が共有されてきたように思う。

このような認識を共有した歴史・人類学専攻の中堅・若手教員は、たまたま平成25年度（2013）に大学院人文社会科学研究科公開講座が募集されたのを機に、「変革期の社会と人間─「破壊」と「再生」の歴史・人類学─」という新しい基軸を打ち出し、先輩教員によって育てられてきた共同研究をさらに前進させ、その成果を社会に還元していこうという機運が高まった。その思いは、歴史・人類学専攻長をはじめ多くの賛同を得ることができ、3年間にわたる公開講座を開催する運びとなった。同時に議論を重ね、研鑽を積むことによって到達した研究成果を上梓したものが本書ということになる。

1. 変革期の「破壊」

近年の温暖化、ゲリラ豪雨、大規模噴火、大規模地震など、相次ぐ想定外の自然環境の変化は、地球規模の環境変動と見られ、さまざまな警鐘を鳴らしている。また、「戦後レジームの脱却」という政治家のアピールによらずとも、アジア・太平洋戦争後70年を迎えた今、これまで常識とされてきた諸制度が変化しようとしている。女性の社会進出、終身雇用制、年功序列、税制における配偶者控除の廃止、フレックスタイム制など、グローバルな動きにも連動した労働環境の変化はその一例である。しかしながら、それらがどこに行き着くのか、着地点を誰もが明確に予想できる思想もまた示すことはできてはいない。

このような情況を見ると、現状はまさに社会と人間の「変革期」として受け止めざるを得ない。千本秀樹[1]の所論に学ぶと、現状は、象徴天皇制・日米安

保体制の時代から次の時代へ向かう長い転換期にある。その始期は、中華人民共和国の天安門事件、東ヨーロッパの変革、労働組合再編による連合の成立、そして昭和天皇の死という象徴的なできごとがあった平成元年（1989）であるという。この年には、フランシス・フクヤマ[2]の論文「歴史の終わり」が発表され、歴史家の一部に衝撃をもって受け止められたことも思い出される。「戦後レジームの脱却」の行く末が五里霧中にあることに象徴されるように、以後、四半世紀を経てもなお、次の時代への見通しが立たないまま、政治も、経済も、社会も、そして価値観も混迷し続けている。

その間に、さまざまな「破壊」が進行している。川西宏幸[3]は、前報告書において、「破壊」を、人類・文明史における「破壊」と関わらせながら、三つの視点から説明している。

その第一は、暴力による破壊である。それを発動する主体と対象の相違によってさまざまなかたちを採り、人間系における私闘、抗争、戦争、弾圧、テロリズム、差別、いじめに加え、人間系から自然系へ向かう環境破壊、自然系から人間系へ向かう自然災害などを含めることができる。

第二は、供犠である。王殺し、易姓革命、死刑、魔女狩り、生け贄・人身御供（人殉・人犠）などがこれに当たる。

第三は、自壊（崩壊・衰滅）である。社会システムが肥大化し、維持できる臨界点を超え、危機管理力が低下すると、潰滅に至る。日本の現状は、川西によればこの第三の範疇に入る。

「破壊」は、変革期の人間・社会を襲い、また、人間・社会自らによって引き起こされている。いうなれば、変革期を象徴する「破壊」を研究対象とすることは、人間の生き方、社会の深層を解明することを可能にさせることになる。

2.「再生」への射程

本書は、前報告書が「破壊」に焦点をあてたのに対し、「再生」に力点を置いている。東日本大震災直後に「災後」ということばが社会を賑わせたが、これを経験した（あるいは経験している）現状をふまえた結果である。

東日本大震災は、物質的な被害のみならず、精神面にも大きな影響を残した。

多くの人々の無念な死、無敵だったはずの防災庁舎・堤防までもが無残な姿をさらす沿岸集落の廃墟は、被災時の映像とともに、我々の精神に大きなダメージを残した。福島第一原子力発電所事故とともに、種々の安全神話を崩壊させ、また、これまで限界があることをほとんど疑うことがなかった人々に電力や資源の枯渇を感じさせ、多かれ少なかれ生活スタイルの見直しを迫ることとなった。東日本大震災は、先に見た「破壊」の諸相をふまえるならば、「暴力」としての自然災害による「破壊」に他ならないが、一方で、人間・社会の自壊としても認識されたことになる。ここにおいて想い描かれた未来は、決して単なる過去の復旧・復元によるものではなくなった。

　「再生」とは、現在進行中の東日本大震災の「復興」事業を想定するならば、単に「破壊」前の状態に復旧・復元することではなく、新たに未来を構想し、創造することである。同様に、戦争・紛争やその他の自然災害・環境破壊に対しても、その終わりを見届け、来るべき未来を想像し、創造していかなければならないのである。その際には、当該の人間と社会が直面する生活現実を「知的」に把握せねばなるまい。

　このような視座に立つときに想起されるのが上原専禄[4]が唱えた歴史的省察である。上原は、アジア・太平洋戦争の「敗戦」後に、虚脱からの脱出、低迷していた時流からの反転を企て、精神の主体性と能動性を確保するべく、生活現実を歴史としてとらえる知的行動を「歴史的省察」と称し、実践した。上原によれば、省察とは、観察に似ながら、その姿勢においていっそう模索的であり、また、認識に通じながら、その体質においてむしろ思索的であるとし、世界と日本、そして自己自身について加えることによってなされる。

　日本の現状は、前掲した川西の所論においては、自壊の範疇にあたる。川西は、過去の幻影を追うのでも、いたずらに悲観するのでもなく、あるいは無関心を装うのでも、拙速に走るのでもなく、冷静な眼をもって「破壊を科学する」ことの必要性を提起する。「破壊」を悲観するのではなく、冷静に生活現実のなかでとらえ、模索し、思索することにより、主体的に、能動的に「再生」の方途を導き出す省察が必要なのである。

　このような見方に立ったとき、過去の変革期における「破壊」と「再生」の様相を解明して提示することは、極めて重要となる。歴史学は、決して過去を

復原することを目的としているのではない。人類学も然りである。現代社会を知り、現代をよく生きるための方途として、過去に学ぶのである。本書では、個別具体的な「破壊」の事例を取り上げ、実証を重ねながら、変革期の「再生」を射程に入れ、挑むことにしたい。

3. 本書の構成

　本書においては、変革期の「破壊」と「再生」を考えるために、「破壊」の事例として生活の場における破壊および戦争の暴力を取り扱うこととし、その二部によって構成する。

　第Ⅰ部「生活の場における破壊と社会秩序の再生」では、日本列島に発生した自然災害や人為的な環境破壊、国家へのテロリズム、さらには表象された風景美の破壊という、人々の暮らす場における多様な「破壊」の諸相を取り上げる。そして、それらの「破壊」の後に発現する社会秩序の再生のあり方を、さまざまな特徴的な事例に基づき解明しようとした5編の論文を収録することにする。いずれの論文も研究対象とする場に暮らす人々の眼差しに寄り添いながら、「破壊」と「再生」を考えるための論点を提示する。

　1. 滝沢論文は、時期の異なる遺構が重複する複合遺跡に焦点をあて、大型古墳の造営にともなう集落の「破壊」と移動という現象に注目し、古墳時代中期後半から後期に集落・墳墓の分離・固定化が進むことを解明する。弥生時代以来の領域構造が解体され、族制的な集団原理の出現や首長権力による領域的支配へと向かう地域社会の「再生」過程を見通す。

　2. 山澤論文は、天保9年（1838）に知識人真木の屋志げきが編んだ『信州浅間山焼記』を手がかりに、18世紀後半の浅間山噴火という「破壊」の災害記録が再生産される意味を解明する。災害記録は、江戸時代以降に、過去の自然災害を単に回顧するためだけではなく、著者が社会を生き、「再生」させるための実践として作成されたものであるとする。

　3. 中西論文は、松島（宮城県）の風景美が近代における商業用の鳥瞰図（松島真景図）や写真資料上において形成される過程を解明する。明治維新後に荒廃して「破壊」の危機に瀕したその風景美は、汽船が就航し、観光地としての

地位が上昇する明治20年代に近世的な構図によって「再生」され、さらに40年代を画期に近代的な構図へと変容する。

4. 伊藤論文は、昭和7年（1932）の血盟団事件における茨城青年組の思想と行動を検証する。彼らは、生活する漁村地帯である茨城三浜の人情風俗を背景に、自我の救済という「再生」を成し遂げるべく、テロの実行と国家改造という「破壊」を引き起こした。その結果は、皮肉にも、「再生」を求められた国家を、政党政治の終焉と軍部の台頭という新たな「破壊」へと突き進ませていく。

5. 木村論文は、忘れがたき「破壊」である東日本大震災における記憶の継承のあり方として、意識・行動・モノ（木碑）に注目し、「災害文化」の視点から、被災地での「身の丈」にあった実践に寄り添って論じる。「再生」は道半ばにあり、その行く末を見極めるためには継続的な調査を必要とする。しかし、私たちにとって、人の記憶の限界と可能性、モノの限界と可能性を見極めながら災害の記憶を維持していくこと、さらにはさまざまな地域で行われている試行錯誤に学ぶことが重要であることは示唆に富むものである。

第Ⅱ部「戦争の暴力と戦後社会の再生」は、二つの世界大戦とその戦間期・戦後期の「破壊」と「再生」を対象としている。戦争の「破壊」と戦後社会の「再生」、ひいては現代の世界を解く際に欠くことのできないキーワードと私たちが考えている「英霊」「女性」「知識人」「沖縄」の四つに焦点をあてて詳解する論文を収録する。

6. 村上論文は、第一次世界大戦後におけるヨーロッパでの英霊礼讃のあり方を考察し、19世紀以来育まれていた国民共同体の伝統が「破壊」され、戦死の栄誉が英雄戦士から国民全体へと「民主的」に解放されたことを解明する。ヨーロッパは、このような「破壊」の経験から紡ぎ出された新たな記憶の文法を拠りどころにして「再生」を試みたが、その文法こそが再び未曾有の災禍へと導くものとなったと見通す。

7. 佐藤論文は、第二次世界大戦中アメリカの軍需工場におけるリベット工の女性ロージーの表象のあり方と受け止められ方をオーラル・ヒストリーによって検証する。本章で考察が加えられるオーラル・ヒストリーとは、史実とされてきた大きな物語を問い直す際に有益な、かつての「ロージー」たちの語

りである。公的なイメージと異なる「ロージー」の実像とともに、ジェンダー関係の変容、戦後社会における女性の自立に影響を及ぼしたことを詳解し、ジェンダー秩序の「破壊」と戦後における「再生」の実相を示す。

　8．中野論文は、GHQによる第二次世界大戦後日本社会の「再生」に参与した知識人（民俗学者）桜田勝徳の軌跡を読み解き、その現実社会と交わる場を構造的に解明する。桜田は、学術・行政・政治の密接不分離な場にあって、日本社会「再生」の使命感に則り活動していたが、その営為に対する認識は、知識人や学問が現実社会にいかにして関わるべきか、私たちの教訓としても深められなければならない。

　9．武井論文は、沖縄の軍用地西原飛行場の接収と返還をめぐる土地のあり方を検討し、戦前から戦後にかけての軍による接収にともなう「破壊」を超え、計画の立たない突然の返還にとまどいながらも、日常を取り戻して「再生」しようとした人々の体験を解明する。沖縄の軍用地問題・返還問題は現代にまで続く課題であり、このような事例研究を積み重ねていくことの重要性を考えさせられる論文である。

　以上の9本の論文による、本書のささやかな試みが、現代における多様な「破壊」と「再生」とを問い直す手がかりとなるならば幸いである。

註
1) 千本秀樹「国家に対抗する社会と原発責任」（『現代の理論』28、2011年）。
2) フランシス・フクヤマ（渡部昇一訳）『歴史の終わり』上・下（三笠書房、2005年。原書の初出は1992年）を参照のこと。
3) 川西宏幸「破壊の構図」（筑波大学大学院人文社会科学研究科歴史・人類学専攻編『自然・人間・文化―破壊の諸相―』、2014年）。
4) 上原專祿「新版への序」（『歴史的省察の新対象』、上原專祿著作集15、評論社、1990年。初出は1970年）。

Destruction and Reconstruction

第Ⅰ部

生活の場における破壊と社会秩序の再生

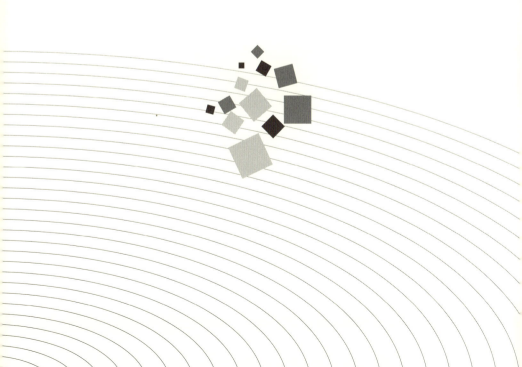

1 古墳の造営と地域社会
古墳による集落の破壊とその背景

滝沢　誠

はじめに

　考古学が研究対象とする遺跡では、時期(時代)を異にするさまざまな遺構が重なり合って発見されることが少なくない。単一の時期の遺構から構成される単純遺跡に対して、それらは複合遺跡と呼ばれている。

　一般に複合遺跡では、ある場所にあらたな構造物が築かれるにあたり、同じ場所に存在していた以前の構造物が多少なりとも破壊されることになる。そこでは、以前の構造物がすでにその機能を停止している場合と、あらたな構造物が築かれる直前まで別の構造物が機能している場合があり、両者の意味合いは大きく異なるものと考えられる。

　すなわち、前者の場合は、時期を異にする構造物が立地条件等の一致から同一地点に営まれ、結果的に偶然の重複による破壊が生じたものとみることができる。たとえば、小河川に面した台地縁辺部などの集落適地に、縄文時代の集落と古墳時代の集落が重複して検出されるケースなどがそれにあたる。一方、後者の場合は、直前まで機能していた構造物を認識しながらも、それらを意図的もしくは強制的に破壊してあらたな構造物を築いたものである。たとえば、平城宮の造営に際して大型前方後円墳(市庭古墳、神明野古墳)[1]の墳丘が破壊され、周濠が埋め立てられた事例は、それらの古墳の造営から300年近くが経過しているとはいえ、有力者の墳墓として十分に認識されていた構造物を意図的に破壊し、あらたな構造物が築かれたケースである(図1)[2]。そこには、

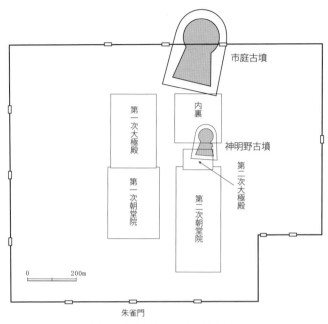

図1　平城宮造営以前の大型古墳

平城宮（太線の範囲）の造営に際して、神明野古墳は完全に破壊された。また、市庭古墳は前方部が破壊され、後円部の一部が平城宮の北側に残された。
（奈良国立文化財研究所編『平城京発掘調査報告Ⅹ』（奈良国立文化財研究所、1981年）Fig. 43をもとに作成）

新都造営を推し進めた律令国家の断固たる意志をみてとることができる[3]。

　いま述べた複合遺跡における二つのあり方のうち、直前の構造物を破壊して別の機能をもつ構造物があらたに築かれているような場合には、その背後に何らかの社会的変化をともなっていることが少なくない。そうした現象の一例として、ヤマト王権による政治的統合が進められた古墳時代には、その象徴的存在である大型古墳の造営に際して既存の集落が破壊されたとみられる事例がしばしば認められる。そこに想定されるのは、古墳時代に明確な姿を現した有力者の墳墓造営にともなう集落の破壊（移動）であり、それは有力者の墳墓域がとりわけ重要視されるようになった古墳時代に特有な領域構造への移行に関係している可能性がある。

ここでは、筆者が研究のフィールドとしてきた関東地方の事例を中心として、大型古墳の造営とそれ以前に営まれていた集落との関係を整理し、大型古墳の造営にともなう集落の破壊がどのような社会の変化（再生）とかかわりをもつのかについて検討してみたい。

1. 墳丘下遺構の把握

墳丘下遺構の調査

　大型古墳の造営に際して直前の集落が破壊されたとするならば、それはどのような考古学的調査・分析によって把握することができるのであろうか。まずは、この点から述べていこう。

　複合遺跡の発掘調査では、上層に残された新しい時期の遺構を調査したあとにそれらを解体し、下層に残された古い時期の遺構を調査するのが基本である。古墳造営以前の構造物を調査する場合も同様で、古墳の調査を終えたあとに墳丘を解体し、墳丘下に残された遺構（以下「墳丘下遺構」と呼ぶ）の調査を進めることになる。その場合、墳丘全体を解体すればより多くの情報が得られるものの、それは現代における古墳の破壊という大きな代償をともなう。

　以下、本章で取りあげる具体的な事例のうち、古墳が完全に解体されて墳丘下が全面的に調査された事例は、いずれも現代の開発によって古墳の現状保存が困難となり、記録のみの保存を前提とした調査が実施されたものである。一方、墳丘下遺構の一部が検出された事例は、基本的に古墳の保存や整備にかかわる情報収集を目的として部分的な調査（トレンチ調査）が実施されたものである。こうした調査原因の違いは、調査対象となった古墳の規模ともある程度関係があり、墳丘規模が相対的に小さなものには前者のケースが認められる一方で、墳丘規模の大きなものは後者のケースに限られている。

　つまり、ここでの問題にアプローチするためには、墳丘下の全面的な調査事例に多くの手がかりが求められるのであるが、それは墳丘の完全な破壊をともなうものであり、資料的には墳丘規模がより小さな古墳に偏っているという点に注意しておく必要がある。一方、墳丘規模が100 mを超えるような大型古墳の墳丘下遺構については十分な資料に恵まれないが、それは遺跡保護の観点か

らすれば当然のことといえるのである。いずれにせよ、その調査原因や調査範囲にかかわらず、墳丘を解体して墳丘下の発掘調査を行うことは一種の破壊行為でもある。したがって、それにかかわる調査者や研究者は、そこからできる限り多くの情報を引き出していくことに努めなければならない。

土器の年代

　古墳造営以前の集落を考えるにあたっては、以上に述べたような調査の原因や資料の偏りを認識しておく必要がある。そのことをふまえたうえで、個々の事例を分析していく際に問題となるのは、古墳と集落の年代的な関係である。それは、墳丘下で検出された竪穴建物[4]などの遺構が古墳造営の直前まで機能していたことをどのように把握するのかという問題である。

　それを明らかにする重要な手がかりとなるのは、古墳と墳丘下遺構からそれぞれに出土した土器の年代である。古墳ではさまざまな祭祀において土器が用いられ、集落では日常容器として土器の使用が一般的である。したがって、それぞれに出土した土器の年代がより細分化された型式の単位で一致するということが認められれば、古墳造営の直前まで集落が機能していた可能性が高いと判断できる。

　ただし、厳密にいえば、土器型式の一致のみをもって墳丘下遺構が古墳造営の直前まで機能していたことを立証することは難しい。古墳時代の土器型式はかなりの細分化が進んでいるとはいえ、一つの土器型式にはもともと一定の年代幅が見込まれているからである。そもそも、一定の時間や空間にひろがりをもつ土器型式そのものの本質からすれば、それによってある一時点を特定することは困難なのである。

層位学的理解の重要性

　土器型式の一致による同時性の把握に以上のような限界があるとすれば、古墳と墳丘下遺構の年代的な関係を明らかにする別の方法は考えられないのであろうか。ここで留意すべきは、考古学の年代決定において型式学的方法とならんで重要視される層位学的方法である。たとえば、墳丘下で検出された竪穴建物の掘り込み部分が一気に埋没している状況が認められた場合、古墳の造営に

あたってそれまで機能していた竪穴建物が短期間に埋め立てられたケースを想定することができるだろう（**図2**）。一方で自然な埋没過程が認められた場合には、墳丘下に営まれた構造物と古墳との間に一定の時間が経過していたことを想定する必要がある。こうした埋没過程とともに、古墳造営に際してしばしば認められる旧地表面（古墳造営前の地表面）の整地作業が、それとどのようにかかわっていたかという観点も重要である[5]。

　以上に述べてきたことからわかるように、古墳の造営にともなって直前の集落が破壊されたという事実を考古学的に立証することは、じつのところかなり難しい。実際に、古墳と墳丘下遺構において土器型式の一致がみられ、墳丘下遺構が短期間に埋め立てられたことを確認できるケースは、きわめて限られている。ただし、古墳と墳丘下遺構との間に多少の年代差が見込まれる場合でも、墓域の選定から墳丘の完成にいたる期間を考慮すれば、その当初段階に既存の構造物（集落など）の移動や破壊が生じていたことを想定することも不可能ではないだろう。

　結局のところ厳密な意味での立証にはいたらないものの、これまでの調査成果を見わたすと、古墳造営に先行もしくは併行する時期の竪穴建物が墳丘下や墳丘の周辺で検出されている事例が少なくない。とすれば、いま述べた層位学

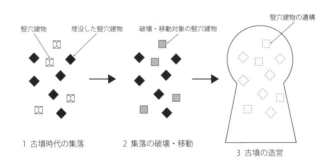

図2　古墳の造営にともなう集落の破壊・移動（模式図）
1　古墳造営以前の集落。すでに廃絶し、埋没した竪穴建物（黒色）もある。
2　古墳の造営にともない既存の竪穴建物（灰色）を破壊もしくは移動する。
3　古墳が完成し、墳丘下に竪穴建物の遺構（破線）が残る。

（筆者作成）

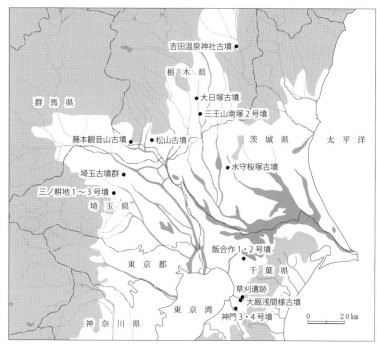

図3 関東地方の関連古墳（遺跡）位置図

破線は現在の都県境。水域（濃色部分）は古墳時代当時の推定復元。

（栃木県立なす風土記の丘資料館編『第21回特別展 われ、西より来たりて那須の地を治める！』
（栃木県教育委員会・大田原市教育委員会、2013年）、p.43掲載図をもとに作成）

表1 検討対象とした主な古墳

古墳名	所在地	墳形 規模	時期	墳丘下遺構または周辺の遺構	発掘調査
三王山南塚2号	栃木県下野市	前方後方 48.5 m	前期前半	竪穴建物3	1989年
藤本観音山	栃木県足利市	前方後方 117.8 m	前期中葉	竪穴建物21、土坑3	1983〜2004年
神門3号	千葉県市原市	前方後円 47.5 m	出現期	竪穴建物10ほか	1987年
神門4号	千葉県市原市	前方後円 48〜49 m	出現期	竪穴建物6、特殊遺構2ほか	1975年
大厩浅間様	千葉県市原市	円 50 m	前期末	竪穴建物11、方形周溝墓4ほか	1984年 1990年

（筆者作成）

的観点にも留意しつつ、まずは個々の事例の実態把握を試みることが肝要であろう。次節では、関東地方を対象として、大型古墳の墳丘下もしくはその周辺で近接した時期の竪穴建物が検出された事例を具体的にみていくことにしよう（図3、表1）。

2. 墳丘下遺構の事例

三王山南塚2号墳

栃木県下野市（旧南河内町）に所在する墳丘長約48.5mの前方後方墳である（図4-1）。すぐ東側には、墳丘長52.5mの前方後方墳である三王山南塚1号墳が位置し、ともに大小60基以上の古墳からなる三王山古墳群に所属している（図4-2）。これまでの発掘調査で出土した土器や前方部の形態から、三王山南塚2号墳は古墳時代前期前半（3世紀後半）にさかのぼる栃木県内最古の有力古墳とみられ、それに後続して三王山南塚1号墳が築かれたものと考えられる。

三王山南塚2号墳の墳丘下からは2棟の竪穴建物が検出されている。また、北西側周溝の外側でも1棟の竪穴建物が検出されている。部分的な調査であるため、いずれも建物プランの全容は把握されていないが、後方部の墳丘下で検出された1号住居跡の土層断面観察からは、同住居跡が完全に埋まりきらないうちに地表面が整地され、古墳の造営が開始されたものと推測されている（図4-3）[6]。

この1号住居跡からは、弥生時代後期後半の特徴を受け継いだ在地系土器（二軒屋式土器）と古墳時代前期前半の東日本にひろく認められる東海西部系の土器が出土している。また、三王山南塚2号墳の周溝内から出土した土器にも両者が認められ、年代的にも同時期に位置づけられる。この点について調査担当者らは、周辺集落で使用されていた在地系の土器が古墳祭祀に転用されたとの見方を示している。

じつは、三王山南塚2号墳などが立地する台地上には、弥生時代後期から古墳時代前期初頭にかけての大規模集落とみられる朝日観音遺跡が存在する。三王山南塚2号墳の墳丘下で検出された竪穴建物はその関連遺構とみられること

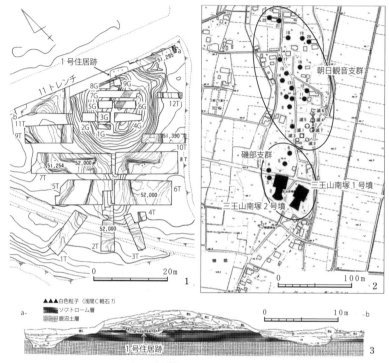

図4 栃木県三王山南塚2号墳

1 全体図:発掘調査区(1〜11T、1〜9G)と検出遺構。
2 三王山古墳群磯部支群・朝日観音支群分布図:古墳群全体では60基以上が分布。
3 墳丘土層断面図(11トレンチ南壁):後方部の墳丘下に埋没していた1号住居跡に注目。
(水沼良浩・藤田典夫「三王山南塚2号墳」(『南河内町史 史料編1 考古』南河内町、1992年)、第2・4・5図。一部変更)

から、橋本澄朗は、弥生時代後期の拠点集落を破壊し、古墳が築造された可能性を指摘している[7]。

神門3号墳・同4号墳

　ともに東日本を代表する出現期の前方後円墳で、3号墳は墳丘残存長47.5m、4号墳は墳丘長48〜49mを測る。発掘調査の成果から、同じく前方後円形を呈する神門5号墳(墳丘長38.5m)につづいて、4号墳→3号墳の順に築かれ

たものと考えられる。両古墳では、宅地開発にともなう発掘調査に際して墳丘全体の解体調査が行われ、墳丘下から竪穴建物などの遺構が数多く検出されている。

神門4号墳では、後円部の墳丘下で古墳時代の竪穴建物6棟が検出されている（図5-1）[8]。調査担当者の田中新史は、それらのなかに古墳造営を契機として移転したものも存在したとの見方を示している[9]。また、墳丘下では2か所の特殊遺構が検出されるとともに、旧地表面上から100個体を超える大量の土器が出土している。それらの特殊遺構については、古墳時代の竪穴建物を埋め戻してから掘り込まれていることや（A遺構）、土器埋納施設としての性格がうかがえることから（B遺構）、いずれも墳丘構築前の祭祀に関連する施設とみられている。

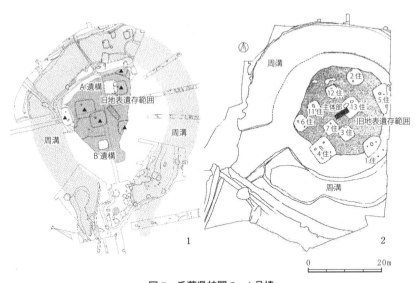

図5　千葉県神門3・4号墳
1 神門4号墳：墳丘下で検出された竪穴建物6棟（▲）と特殊遺構（A・B遺構）。
2 神門3号墳：墳丘下で検出された竪穴建物10棟（1～7住、11～13住）。
　濃い網掛けは古墳造営前の旧地表面。薄い網掛けは周溝の想定範囲。
（図5-1：田中新史・半田堅三「古墳の調査」（『上総国分寺台遺跡調査概報』上総国分寺台遺跡調査団・市原市教育委員会、1982年）、第6図。図5-2：浅利幸一「神門三号墳」（『市原市文化財センター年報　昭和62年度』、1989年）、p.25掲載図。一部変更）

神門3号墳では、後円部の墳丘下で竪穴建物10棟などが検出されている（図5-2）[10]。報告によると、それらの遺構の平面形には楕円形や隅丸方形等があり、時期的にも弥生後期〜古墳出現期に比定できるのではないかという。また、それらのうち、「13住遺構」は平面形が不明瞭で炉をともなわず、「3住遺構」は廃絶直後の窪みに炭化物や焼土、灰が堆積し、いずれも埋め戻されているという。さらに、4号墳の場合と同様に墳丘下からは土器が出土しており、これらの特殊遺構は墳丘構築前の祭祀に関連したものと推定されている。

神門3号墳と神門4号墳における以上のような状況は、集落の廃絶から事前の祭祀を経て古墳の造営にいたる一連のプロセスを示すものとみられ、調査担当者も述べるように、その初期段階において集落の移動や破壊が行われた可能性が考えられる。

大厩浅間様古墳

千葉県市原市に所在する墳丘径約50mの大型円墳である（図6-1）。宅地開発にともなって墳丘全体の解体を含む発掘調査が行われ、墳丘下からは、古墳時代前期初頭の竪穴建物1棟、弥生時代後期後半〜末の竪穴建物10棟、弥生時代中期後半の方形周溝墓4基などが検出されている（図6-2）[11]。こうした調査成果から、本古墳の造営以前には、まず弥生時代中期の墓域として利用され、その後弥生時代後期には居住域となって、それが古墳時代前期初頭までつづいていたとみることができる。

大厩浅間様古墳の墳頂部では3基の埋葬施設が検出されている。それらのうち、中心に位置する第1主体部の棺内からは、珠文鏡1、石釧1、勾玉11、管玉52、ガラス小玉34、鉄製刀子1など多数の副葬品が出土している。また、第1主体部につづいて営まれた第2主体部からは、短剣1、ガラス小玉2、滑石製臼玉2、第3主体部からは、鉈2、楔形鉄製品1、鉄鏃片2、滑石製臼玉7が出土している。

一方、墳丘の調査では、焼成前底部穿孔の二重口縁壺をはじめとする土器類が出土している。いずれも古墳祭祀に用いられたとみてよいもので、とくに多数の破片が出土した二重口縁壺については、3回の埋葬に対応した三段階の変遷が想定され、全体としては古墳時代前期末頃（4世紀後葉）の年代が与え

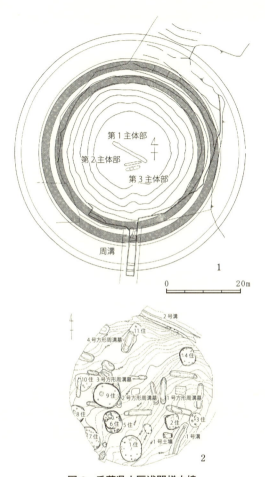

図6 千葉県大厩浅間様古墳

1 墳丘復元図：網掛けは墳丘裾部の平坦面。
2 墳丘下の検出遺構：方形周溝墓4基（1～4号）と竪穴建物11棟（1～11住）などが古墳造営以前に営まれている。

(浅利幸一・田所真『市原市大厩浅間様古墳調査報告書』((株)一研・
(財)市原市文化財センター、1999年)、第18・26図。一部変更)

られている。この年代観は、石釧をはじめとする副葬品の年代観とも矛盾しない。こうした土器類とは別に、墳丘の盛土内からは弥生時代中期〜後期の土器片とともに古墳時代前期前半にさかのぼる土器片が出土している。それらは、

盛土作業の際に墳丘周辺の遺構から混入したものとみられ、先に述べた古墳造営以前の土地利用状況と符合するものである。

　以上の調査成果をふまえるならば、大厩浅間様古墳は、それ以前に居住域であった場所を利用して築かれた大型古墳ではあるが、集落の廃絶から古墳の造営にいたる間には相当の時間が経過していたとみる必要がある。実年代でいえば、それは100年余りに及ぶものであった可能性が高い。墳丘下の層位的状況も、竪穴建物が完全に埋没したあとに古墳の造営が開始されたことを示しており、ここでは古墳の造営にともなう直前集落の破壊という状況を想定することはできない。

藤本観音山古墳
（ふじもとかんのんやま）

　栃木県足利市に所在する墳丘長117.8 mの大型前方後方墳である（**図7**）。これまで7次に及ぶ発掘調査が行われ、古墳の形態や構造などが詳しく明らかにされている。また、出土した土器の型式から、その造営年代は古墳時代前期中葉頃（4世紀前半）と推定されている。これらの調査は、いずれも古墳の保存を前提とした範囲確認調査であったため、墳丘下遺構は一切検出されていないが、周溝（しゅうこう）の外側では竪穴建物21棟が検出され、その一部が周溝によって破壊された状況が確認されている[12]。

　藤本観音山古墳の周溝は、ほとんどの部分が幅39〜50 mと幅広で、墳丘の周囲をやや不整形にめぐっているが、前方部南西隅付近のみ幅約13 mと極端に狭くなっている。この部分の周溝外側にあたる南北約100 m、東西約70 mの範囲に、古墳時代前期の竪穴建物21棟、土坑（どこう）3基、岬状の突出部をともなう入り江状遺構が検出されている。それらのうち、もっとも周溝の近くに位置する竪穴建物1棟は、周溝と入り江状遺構を掘削する際に破壊されている。また、それ以外の竪穴建物には2棟あるいは3棟の重複関係が認められる。これらの事実から、周溝外側の竪穴建物群は古墳造営以前より存在し、3時期にわたって変遷したものとみられている。ただし、それらの遺構から出土した土器はほぼ古墳時代前期中葉の時期に限られるため、竪穴建物群は古墳の造営時期と併行しながらきわめて短期間に存在したものと推定されている。

　周溝の外側で検出された竪穴建物群は、古墳の造営に併行して短期間だけ営

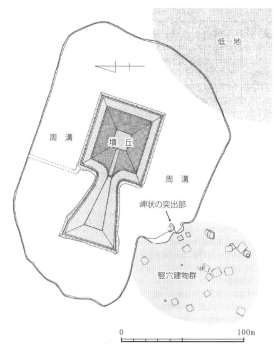

図7　栃木県藤本観音山古墳
周溝の南西外側で竪穴建物21棟などが検出され、周溝側の1棟は、周溝と岬状の突出部を掘削する際に破壊されている。
（大澤伸啓・齋藤和行ほか『藤本観音山古墳発掘調査報告書Ⅰ』（足利市教育委員会、2005年）、第107図。一部変更）

まれていることや、周溝の掘削を避けてでもその存続が図られていることからみて、古墳の造営にともなって破壊された集落という見方はできない。調査担当者が指摘しているように、それらは古墳の造営に関連した労働者の宿舎や作業場、資材置き場などであった可能性が考えられよう。また、前期中葉のなかでも比較的新しい時期に営まれた土坑3基は、まとまった土器の出土などから祭祀に関連した遺構とみられ、古墳造営後も古墳にかかわる祭祀や古墳の管理が行われていたことを示している。

3. 墳丘下遺構のあり方

存在形態の整理

　前節で紹介した事例は、大型古墳の墳丘下やその周辺で竪穴建物が検出されたものの一部にすぎないが、そこにはいくつかの異なるあり方を見出すことができる。そこで、あらためてそれらを整理すると、少なくとも次のⅠ～Ⅳ類に分類することができる。

　まずⅠ類は、ほぼ同時期の竪穴建物が墳丘下に認められるものである。三王山南塚2号墳や神門4号墳（特殊遺構を除く）にみられるもので、栃木県大日塚(だいにち)古墳（前方後方墳・約36 m）[13)]や千葉県飯合作(いごさく)1号墳（前方後方墳・約25 m）、同2号墳（前方後方墳・約30 m）[14)]の事例などもそれに該当しよう。この場合には、古墳の造営にともなう集落の破壊という事態を想定することが可能である。

　Ⅱ類は、やや時期差をともなう竪穴建物が墳丘下に認められるものである。前節で紹介した事例のなかでは、大厩浅間様古墳のあり方がそれに該当する。この場合は、集落の廃絶からある程度の時間をおいて古墳の造営が開始されたものとみられ、結果的に比較的近い時期の竪穴建物と古墳が重複したケースといえる。ただし、両者の重複を偶然の結果とみるか否かは、それぞれに出土した土器の年代をどこに求め、墓域の選定から古墳の造営にいたるまでの期間をどの程度見積もるかにかかわっている。

　Ⅲ類は、同時期の特殊遺構が墳丘下に認められるものである。神門3号墳や神門4号墳で確認されたように、炉や柱穴などを欠く竪穴遺構の内部から多くの土器や焼土、灰などが出土するケースである。そうした特殊遺構には、墓域の選定や古墳の造営開始に際して執り行われた祭祀とのかかわりが想定される。

　Ⅳ類は、同時期の竪穴建物が古墳に隣接して存在し、その一部が古墳（周溝）によって破壊されているものである。藤本観音山古墳のように、それらの建物は古墳の造営や管理にかかわる建物であったと考えられる。また、それらのなかには、Ⅲ類と同様に古墳の祭祀に関連するものも存在したとみられる。古墳との直接的な重複関係は認められないものの、古墳に隣接する同時期の竪穴建物は、栃木県吉田温泉神社(よしだゆぜんじんじゃ)古墳（前方後方墳・約47 m）[15)]や同松山(まつやま)古墳（前方後

方墳・44.4 m)[16] などでも確認されている。

時期の偏り

　以上の整理によれば、大型古墳の造営にともなう集落の破壊が想定できるのは、Ⅰ類のケースである。前節で述べたように、古墳の造営に際して直前の集落が破壊されたことを立証することは容易ではなく、個々の事例ごとに慎重な判断が求められる。場合によっては、Ⅱ～Ⅳ類のようなケースも考えられるからである。その点になお検討の余地を残しながらも、以上の整理からは興味深い一つの特徴が浮かび上がってくる。それは、Ⅰ類に属するとみられる事例が古墳時代前期に集中しているという点である。

　先に紹介した事例以外では、埼玉県三ノ耕地1～3号墳（いずれも前方後方墳）の墳丘下でも先行する竪穴建物の存在が確認されている[17]。また、茨城県水守桜塚古墳（前方後円墳・約59 m）の墳丘下でも、弥生時代後期末ないし古墳時代前期初頭に位置づけられる竪穴建物の存在が確認されている[18]。さらに東北地方に目を向けると、福島県杵ガ森古墳（前方後円墳・45.6 m）[19]や同本屋敷1号墳（前方後方墳・36.5 m）[20]でも墳丘下でほぼ同時期の竪穴建物が検出されている。これらはすべて古墳時代前期に位置づけられる古墳であり、墳丘下で検出された竪穴建物は古墳とほぼ同時期か、さほどさかのぼらない時期に営まれたものと考えられる。

　それでは、古墳時代中期（5世紀）以降には、Ⅰ類に属するような事例は認められないのであろうか。古墳時代中期に入ると、地域の有力古墳が大型円墳として築かれるようになる一方で、特定の地域に限って突出した規模の大型前方後円墳が築かれるようになり、古墳の造営秩序に大きな変化が生じる。そうした時期の大型前方後円墳や大型円墳については、墳丘下にまで及ぶ調査の事例が乏しいため、墳丘下遺構のあり方についてはよくわかっていない。また、古墳時代中期後葉から後期（6世紀）にかけては各地域に再び大型の前方後円墳が築かれるようになるが、それらについての有効なデータは限られている[21]。とはいえ、まったく手がかりがないわけではない。

　古墳時代中期の終わりから後期にかけての大型前方後円墳が継続的に営まれた埼玉県埼玉古墳群では、史跡整備にともなう発掘調査が繰り返し行われてき

たが、これまでに古墳造営に先行する集落の存在は確認されていない[22]。もちろん、遺跡の保存を原則とする立場から、墳丘の解体調査は基本的に実施されていないため、墳丘下遺構の存否は定かではない。また、各古墳の調査も墳丘や周溝の範囲確認を目的とした部分的なものにとどまるため、広範囲に及ぶ面的な状況が十分に把握されているわけではない。しかし、調査担当者が述べるように、「古墳群の域内では古墳時代前・中期を通じ住居の発見が無いので、非居住域を墓域として確保して1世紀以上にわたり、古墳群を築造していった」とみるのが妥当であろう[23]。

大型古墳の存在は認められないものの、千葉県草刈(くさかり)遺跡の状況も大いに参考になる。同遺跡では、開発にともなって約30万m^{2}に及ぶ広大な範囲が調査され、各時代の居住域や墓域にかかわる数多くの遺構が検出されている[24]。なかでも、C区・保存区とされた一角では古墳時代後期以降の小型前方後円墳や小型円墳が多数検出されているが、それらは明らかな年代差がある古墳時代前

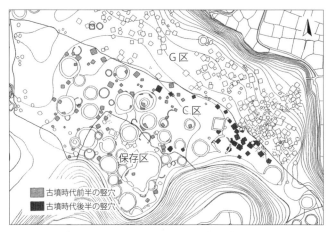

図8　千葉県草刈遺跡C区・保存区の古墳時代竪穴建物分布図

台地南側の後期・終末期古墳（白抜きの円形または前方後円形）は、古墳時代前半の集落（薄い網掛け）に重複して築かれているが、古墳時代後半の集落（濃い網掛け）とはあまり重複していない。古墳時代後半から奈良・平安時代にかけての集落は、主に台地の北側（G区）に営まれている。

（大谷弘幸・西野雅人『千原台ニュータウンXI―市原市草刈遺跡（C区・保存区）―』（(財)千葉県文化財センター、2004年）、第135図。一部変更）

半（前期〜中期前半）の集落に重なるように築かれているものの、古墳時代後半（中期後半〜後期）の集落とはあまり重複していない（**図8**）。そこには、居住域と墓域を区別しようとする基本的な意図がうかがえる。

　現時点ではひろく類例を収集、検討したわけではないので、古墳時代中期以降にも大型古墳の造営にともなう集落の破壊という事態が生じていたとしても不思議ではない。しかし、少なくとも関東地方の状況に照らす限り、大型古墳の造営にともなって直前集落の破壊が生じたと想定される事例は古墳時代前期に集中しているとみてよさそうである。とすれば、そうした事例はなぜ古墳時代前期に多いのであろうか。最後に、弥生時代から古墳時代への社会の変化を見すえながら、この点について検討してみたい。

4. 古墳と集落

古墳時代前期における人の動き

　関東地方の弥生時代後期には、現在の都県域もしくはそれよりもさらに狭い範囲を単位として、地域色豊かな土器の分布圏が認められる。それに先立つ弥生時代中期後半には、本格的な水稲農耕の開始とともに防御機能をそなえた大規模な環濠集落が営まれていることから集団関係は一種の緊張状態にあったとみられるが、その後農耕の定着とともに集団関係が安定するなかで独自色の強い地域文化が花開いたものと考えられよう[25]。ところが、つづく古墳時代前期になると、そうした土器の地域色はほとんど消失し、関東地方では東海西部地域（濃尾平野）の流れをくむ土器が一様に用いられるようになる。そこには、同地域から直接持ち込まれたとみられる土器も少なくない。また、そうした土器を墳墓祭祀に取り入れ、同地域との密接なかかわりを示す前方後方墳が各地に築かれるようになる。

　こうした現象の背景には、たんなる土器製作技術や墳墓様式の文化的な伝播にとどまらない東海西部地域との濃密な人的交流や集団の移動が想定される。その実態については、畿内と東海の間に生じた緊張状態（＝邪馬台国と狗奴国との抗争）に起因する「難民の排出」とする見方もある[26]。また、関東地方の内部ではそうした動きに誘発された集団の移動も生じていたとみられ、茨城県

南部では弥生時代の段階に受け入れられることのなかった方形周溝墓が南関東系の土器をともなって営まれるようになる。

このような活発な集団移動とあらたな墳墓造営のなかで、在来の集落が移動を余儀なくされた可能性はあり、三王山南塚2号墳の調査成果などに関連して、栃木県南部で古墳造営にともなう既存集落の破壊という事態が想定されていることも十分にうなずけるところである。そうした当該期の事情を認めながらも、ここでは古墳の造営にともなう集落の破壊という現象の背景を、集落そのものの流動性や継続性という側面からも考えてみたい。

集落の流動性と継続性

関東地方における弥生時代中・後期の集落と墳墓（方形周溝墓）は、立地を同じくする一定空間のなかで共存していることが少なくない[27]。そうしたなかで、居住域から墳墓域へ、あるいは墳墓域から居住域へという空間利用の双方向的な変化が比較的多く認められる。それらのうち、前者に想定されるのは墳墓域の新設または拡張にともなう居住域の移動であり、それは集落居住者の意志に反した居住域の破壊ではない。

こうした現象に関連して参考になるのは、大村直が取り組んだ上総地域における集落遺跡の統計的分析である[28]。大規模開発によって数多くの遺跡が調査された千葉県南部を対象として、弥生時代から平安時代にいたる130遺跡、計5781竪穴の分析を行ったもので、さらなる資料の増加が見込まれる現在でも、その傾向に大きな変化はないものと思われる。

大村は、対象資料を9期（Ⅰ期～Ⅸ期）に分け、集落の廃絶、断続、継続に焦点をあてて分析を進めている。そのなかでとくに注目されるのは、古墳時代中期後半（Ⅴ期後半、5世紀後半）以降になると集落の継続化傾向が明確になると指摘している点である（表2）。古墳時代中期後半以降は集落が安定化し、平安時代まで継続するケースも少なくないというのである。そして、集落の安定化は、前期古墳の造営地を起点に古墳時代後期の大型前方後円墳が密集化する現象とも無関係ではないとし、そこから、擬制的な「始祖」の創造や、埼玉県稲荷山古墳出土鉄剣銘にみられるような系譜意識に支えられた「ウヂ」の形成とのかかわりにも言及している。

表2　上総地域における継続期別集落数

		組合総数	I	II	III	IV	V	VI	VII	VIII	IX
継続1期集落	遺跡	78	4	13	6	11	8	0	14	5	17
	%		5.1	16.7	7.7	14.1	10.3	0.0	17.9	6.4	21.8
	軒		10	131	29	60	26	0	93	15	237

		組合総数	I〜II	II〜III	III〜IV	IV〜V	V〜VI	VI〜VII	VII〜VIII	VIII〜IX
継続2期集落	遺跡	37	3	7	2	1	0	4	3	17
	%		8.1	18.9	5.4	2.7	0.0	10.8	8.1	45.9

		組合総数	I〜III	II〜IV	III〜V	IV〜VI	V〜VII	VI〜VIII	VII〜IX
継続3期集落	遺跡	26	2	6	2	0	3	1	12
	%		7.7	23.1	7.7	0.0	11.5	3.8	46.2

		組合総数	I〜IV	II〜V	III〜VI	IV〜VII	V〜VIII	VI〜IX
継続4期集落	遺跡	14	1	5	0	0	2	6
	%		7.1	35.7	0.0	0.0	14.3	42.9

		組合総数	I〜V	II〜VI	III〜VII	IV〜VIII	V〜IX
継続5期集落	遺跡	9	0	1	0	1	7
	%		0.0	11.1	0.0	11.1	77.8

		組合総数	I〜VI	II〜VII	III〜VIII	IV〜IX
継続6期集落	遺跡	1	0	0	0	1
	%		0.0	0.0	0.0	100.0

		組合総数	I〜VII	II〜VIII	III〜IX
継続7期集落	遺跡	4	2	2	0
	%		50.0	50.0	0.0

I期：宮ノ台式期、II期：久ヶ原（弥生町）式期、III期：鴨居上ノ台（前野町）式期、IV期：五領式期、V期：和泉式期〜鬼高式期初頭、VI期：鬼高式期前半、VII期：鬼高式期後半、VIII期：奈良時代、IX期：平安時代（〜摂関期）

（大村直「ムラの廃絶・断絶・継続」(『市原市文化財センター研究紀要』II、1993年)、第3表（表記を一部変更し、時期区分の凡例を追加））

　一方、それより以前の集落は、1期だけ営まれる単期集落や、せいぜい3期にまたがる程度の短期的な集落であることが多く、弥生時代中期後半に本格的な農耕集落が形成されて以降、古墳時代中期前半までは集落の流動性が高かったと指摘している。ただし、個々の集落に対応した生産域については継続的なあり方が想定されることから、居住域の流動性はあくまでも集団のあり方に原因があるものとみている。

地域社会の変化

　以上のような分析結果を参考にするならば、古墳造営にともなう集落の移動や破壊が古墳時代前期に多くみられることについては、先に述べた東海西部地域を発信源とする広域的な集団の移動という事情とともに、弥生時代からつづく集落の流動性という地域社会内部の事情が関係していた可能性がある。つまり、古墳時代の前半までは一定の領域内でたびたび集落が移動していたため、古墳と集落の重複が生じやすい状況にあったとみられるのである[29]。一方、大型古墳が古墳時代の集落によって破壊されているというケースは基本的に認められないことから、古墳時代になると一定領域内における墳墓域の優越性が高まったことは明らかで、同時に居住域の安定性、継続性が増していくなかで、古墳と集落が重複するケースはみられなくなっていったと考えられよう。

　前節で述べたように、古墳時代中期以降の状況については不明な点が多い。ただし、埼玉古墳群のように大型古墳と集落の重複が長期にわたって認められない事例の存在は重要であり、そこには居住域と墳墓域が明確に分離・固定化された、前段階とは異なる地域社会の姿を垣間見ることができる。

　古墳時代の地域社会を解明するためには、居住域や墳墓域にとどまらず、さまざまな生産域や交通ルートなどについても多角的な検討を加えなければならない[30]。その不備を承知のうえであえて見通しを述べるならば、大型古墳の造営にともなう集落の破壊が古墳時代前期に盛行し、その後衰退していくとみられる現象は、弥生時代からつづく流動性の高い領域構造を脱し、居住域と墳墓域の分離・固定化を前提とする領域構造へと移行していく、地域社会内部の変化とも密接なかかわりがあるといえるのではないだろうか。

おわりに

　以上、大型古墳の造営にともなう集落の破壊という現象に着目し、それに関連した考古学的事実の整理を進めるとともに、その意味について考えてきた。今後は分析対象をさらにひろげて検証を進めていく必要があるが、本章では、そうした現象が盛行し、やがて衰退していった背景に、古墳時代地域社会の構造的変化を読み解く視点を提示したつもりである。そこには、居住域と墳墓域

の流動性が高い弥生時代中期～後期、居住域の流動性は継続しながらも墳墓域の優越性が高まる古墳時代前期～中期前半、そして居住域と墳墓域の分離・固定化が進む古墳時代中期後半～後期という大まかな図式を描くことができそうである。つまり、古墳の造営にともなう集落の破壊は、前時代からつづく集落のあり方とも関係があり、そうした行為の盛行と衰退にあらたな地域社会への移行を読みとることができる、というのが本章のささやかな結論である。

　本章では、「破壊と再生」というテーマにそくして、複合遺跡にみられる破壊行為（古墳による集落の破壊）の盛衰がその後につづく社会の再生（領域構造の変化）とどのように関係していたかという点を考古学的立場から論じてきた。その論旨とは別にあらためて確認しておきたいのは、取りあげた事例の多くが現代の開発にともなって調査され、その後破壊された遺跡（古墳）であるという点である。遺跡の破壊は極力避けることがのぞましいが、遺跡の破壊という犠牲をともなう場合でも、そこからより多くの歴史的情報を再生し、その成果をひろく市民レベルで共有していくことが重要であろう。ここでの議論を手がかりとして、遺跡をめぐる現代的な意味での「破壊と再生」についても関心を寄せていただければ幸いである。

註
1）奈良国立文化財研究所編『平城宮発掘調査報告Ⅶ』（奈良国立文化財研究所、1976年）。
　奈良国立文化財研究所編『平城宮発掘調査報告ⅩⅣ』（奈良国立文化財研究所、1993年）。
2）奈良国立文化財研究所編『平城宮発掘調査報告Ⅹ』（奈良国立文化財研究所、1981年）。
3）『続日本紀』和銅2年（709）十月癸巳条には、元明天皇が平城京の造営を担当する役所に対して、古墳を破壊する際には祭祀を行って死者の魂を慰めるようにとの勅令を出したことが記されている。この記事は、新都造営の一方で古墳の破壊にも一定の配慮がなされていたことを示している。
4）竪穴住居と考えられるものが大多数であるが、それ以外の機能が想定されるものもあるため、竪穴を掘り込んだ建物遺構を「竪穴建物」と総称する。なお、具体的な遺構を取りあげる際には、基本的に各調査報告書の表記を用いることとする。
5）墳丘下遺構が完全に埋没した後に古墳造営前の旧表土がそれを厚く覆っている場合には、集落の廃絶から古墳造営にいたるまでに相当の時間が経過していたとみる必要がある。一方で、古墳造営前の旧表土を確認することができず、当時の基盤がかなり削平されている場合には、古墳造営にともなう整地作業によって墳丘下遺構が跡形もなく破壊されている可能性を考慮しておく必要があろう。
6）水沼良浩・藤田典夫「三王山南塚2号墳」（『南河内町史　史料編1　考古』南河内町、

1992年) pp.307-331。
7) 橋本澄朗「古墳時代への移行期の東国社会」(『東アジアの古代文化』69号1991年) pp.68-77。
8) 田中新史・半田堅三「古墳の調査」(『上総国分寺台遺跡調査概報』上総国分寺台遺跡調査団・市原市教育委員会、1982年) pp.1-23。
9) 田中新史「市原市神門4号墳の出現とその系譜」(『古代』63号、1977年) pp.1-21。
10) 浅利幸一「神門三号墳」(『市原市文化財センター年報 昭和62年度』、1989年) pp.23-28。
11) 浅利幸一・田所真『市原市大厩浅間様古墳調査報告書』((株)一研・(財)市原市文化財センター、1999年)。
12) 大澤伸啓・齋藤和行ほか『藤本観音山古墳発掘調査報告書Ⅰ』(足利市教育委員会、2005年)。
13) 久保哲三ほか『茂原古墳群』(宇都宮市教育委員会、1990年)。
14) 沼沢豊・深沢克友・森尚登『佐倉市飯合作遺跡』((財)佐倉市振興協会・(財)千葉県文化財センター、1978年)。
15) 真保昌弘『那須吉田新宿古墳群発掘調査概要報告書』(小川町教育委員会、1999年)。
16) 芹澤清八・仲山英樹『松山遺跡』(栃木県教育委員会・(財)とちぎ生涯学習文化財団、2001年)。
17) 石坂俊郎「埼玉県の出現期古墳―そして三ノ耕地遺跡―」(『東日本における古墳の出現』六一書房、2005年) pp.245-250。
18) 蒲原宏行・松尾昌彦「桜塚古墳」(『筑波古代地域史の研究』筑波大学、1981年) pp.21-27。
  滝沢誠ほか「つくば市水守桜塚古墳2012年度発掘調査概要」(『筑波大学先史学・考古学研究』25号) pp.81-95。なお、水守桜塚古墳は古墳時代前期末の前方後方墳と考えられてきたが、筆者らが実施した近年の調査によって前方後円墳であることが確かめられ、その年代は古墳時代前期中葉にまでさかのぼる可能性が指摘できるようになった。したがって、墳丘下で検出された竪穴建物との年代差は、以前の理解に比べてさほど大きなものにはならないと考えている。
19) 吉田博行『会津坂下町杵ガ森古墳・稲荷塚遺跡発掘調査報告書』(会津坂下町教育委員会、1995年)。
20) 伊藤玄三ほか『本屋敷古墳群の研究』(法政大学、1985年)。
21) 関東地方では、古墳時代後期後半以降にみられる小型前方後円墳の墳丘下を調査した事例は少なくない。それらを含めた全般的な検討は今後の課題である。
22) 埼玉古墳群の周辺域では、古墳時代前期以来の集落が確認されている。そのうち、南西約1kmに位置する行田市鴻池・武良内・高畑遺跡は、埼玉古墳群造営集団の居住候補地とみられているが、大規模な居館跡は未発見である。このほか、東約2kmに位置する行田市小針遺跡、南東約3.5kmに位置する同築道下遺跡で古墳時代後期の住居跡が多数検出されている。
23) 若松良一編『武蔵埼玉稲荷山古墳』(埼玉県教育委員会、2007年) p.7。
24) 大谷弘幸・西野雅人『千原台ニュータウンⅪ―市原市草刈遺跡(C区・保存区)―』

((財)千葉県文化財センター、2004年)。
25) 設楽博己「関東地方の弥生土器」(『邪馬台国時代の東日本』六興出版、1991年) pp.72-80。
26) 赤塚次郎「東海系のトレース―3・4世紀の伊勢湾岸地域―」(『古代文化』44巻6号、1992年) pp.35-49。
27) 大村直「ムラと方形周溝墓」(『関東の方形周溝墓』同成社、1996年) pp.349-364。
28) 大村直「ムラの廃絶・断絶・継続」(『市原市文化財センター研究紀要』Ⅱ、1993年) pp.207-248。
29) 集落の流動性を前提として考えると、集落がすでに存在する場所に古墳を造営する場合にも、集落の移動に特段の強制力を必要としなかった可能性さえ考えられる。この点は、墳丘下で検出された竪穴建物の遺物出土状況や焼失建物の有無などに手がかりが求められるかもしれない。
30) 墳墓域の選定は当時の死生観と深くかかわるものであり、思想・宗教的側面からも大型古墳の立地に対する志向性を検証していく必要がある。

2 自然災害の記録と社会
『信州浅間山焼記』を事例に

山澤　学

はじめに

　本章は、『信州浅間山焼記』という1冊の記録を手がかりに、自然災害という「破壊」を記録し、社会を「再生」させようとした江戸時代の人々の知の位相を明らかにすることを目的とする。

　日本列島は近年、さまざまな自然災害に見舞われている。地震、津波、洪水、豪雪、雪崩、山崩れ、竜巻、ダウンバースト、活火山の噴火。なかでも平成23年（2011）3月11日の東日本大震災は、福島第一原子力発電所事故もあいまって、日本列島に暮らす多くの人々が思わず知らず被災者となり、あるいは脅威を共有することになった災害である。その直後から、さまざまなドキュメントが各種の視角によってまとめられ、また、過去に東北地方を襲った地震や津波の記録も数多く発掘され、注目された。

　とくに注目を集めたのは、貞観11年（869）5月26日に発生した地震と津波である[1]。これは六国史の一つである『日本三代実録』[2]に記録される。「陸奥国地大震動」は夜間に発生した。人々は倒れて起き上がることもできず、建物が倒れて圧死したり、地面に亀裂が入って生き埋めになったりしている。牛馬はただ驚いて走り回り、あるいは互いに踏みつけあう。陸奥国の政庁である多賀城（宮城県）も被災する。そして津波が発生し、海を去ること「数十百里」を飲み込む。1000人ばかりが溺死し、資産も稲の苗もほとんどが失われる。朝廷は、同年12月25日に「苅田嶺神」を従四位下に昇進させる。これは、「陸

奥国地大震動」が蔵王(ざおう)連峰の刈田岳（山形県）にいます神の怒りと考えられ、これを鎮めるための昇進であったとも指摘される。

貞観の地震と津波は、このような大災害でありながら、『日本三代実録』にしか記録がない。実は、自然災害が数多く、また広範に記録されるようになるのは、江戸時代からのことである。江戸時代は、寺子屋の普及により、列島に暮らす人々の識字率が高まった時代である[3]。その結果、自然災害の記録もまた数多く残されることになった。いわば自然災害の記録が広範に出現した時代が江戸時代なのである[4]。

表1　小野長年旧蔵の災害記録

表題	内容	請求記号
古今洪水記	寛保2年（1742）諸国洪水、享保13年（1728）江戸洪水、天明6年（1786）関東洪水	ヨ216-187
古今火災記（全3巻）	明暦3年（1657）・寛文8年（1668）・宝暦10年（1760）・明和9年（1772）・天明4年（1784）・同6年（1786）・寛政4年（1792）・文化3年（1806）江戸・諸国大火	ヨ216-188
浅間嶽発焔記（羽鳥一紅「文月浅間記」写本）	天明3年（1783）浅間山噴火	ヨ216-190
劫粟記事	天明7年（1787）江戸打ちこわし	ヨ216-193
火災雑記	明暦2年（1656）〜寛文10年（1670）諸国大火、明和9年（1772）江戸大火、天明8年（1788）京都大火	ヨ216-195
島原地妖（西地辺地妖）	寛政4年（1792）島原雲仙岳噴火（島原大変肥後迷惑）	ヨ216-196
越後国地震記	文政11年（1828）越後地震	ヨ216-197
明暦火災小瀬甫庵易者之事（武門諸説拾遺江戸大火　附、小瀬甫庵易者之事）	明暦3年（1657）江戸大火	ヨ380-561
明和武蔵鐙	明和9年（1772）江戸大火	ヨ380-562

（註）いずれも筑波大学附属図書館所蔵で、「養間斎蔵書記」の印記を有する44点の内に含まれる。なお、『浅間嶽発焔記』は蓼沼（阿部）綾子『『浅間嶽發焔記』について』（『日本史学集録』20号、1997年）、『劫粟記事』は東京都編『東京市史稿　産業篇30』（東京都、1986年）に翻刻がある。

江戸時代においては、熱烈に記録を集め、収集する者も現れる。例えば、養間斎こと小野長年は、**表1**のような蔵書を有していた。長年の父、章以は小児科を専門とする町医者であったが、幕府の御用医師に抜擢され、旗本身分を得た。その小野家二代目である長年は、逸話・見聞集である『明良洪範』や杉田玄白の『後見草』などを基に独自の災害記録を編集し、本棚に備えた。こうして数多くの災害記録が現在に伝えられたのである。

　本章では、江戸時代における最大級の自然災害として知られる、浅間山における天明3年（1783）の噴火について書き記す災害記録の一つである『信州浅間山焼記』に注目する（図1）。『信州浅間山焼記』が編まれたのは、大噴火から約50年後の天保年間（1830～44）である。なぜ、災害から半世紀も経た後に編纂されねばならなかったのか。以下、この『信州浅間山焼記』を読み解き、編纂された社会背景と、編者である「真木の屋志げき」なる人物の知識・関心を考察することにする。

　天明3年の浅間山噴火については、複数の学問分野の共同による多くの先行研究[5]があり、記録に見られる出来事を理解する際に有益な研究成果が多い。それらは、火山活動と被災状況の復元、生活インフラ再建、公共事業、増税な

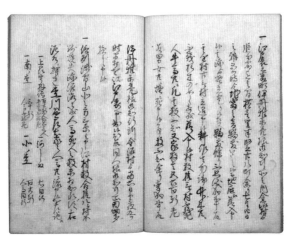

図1　『信州浅間山焼記』

（筑波大学附属図書館所蔵）

どの災害復興に焦点をあてている。いわゆる田沼時代の出来事であり、この噴火は天明飢饉の引き金にもなり、ついには江戸での打ちこわしも発生させた。そのため、政治史からの関心も照射されてきた[6]。泥流と降灰による、利根川という水上交通の大動脈の埋没と復旧の状況も、土木工学的な視点から解明されている[7]。また、災害記録の性格には、公的記録、報告記録、趣味・興味による記録、商業用記録の4類型があると指摘されている[8]。

なお、『信州浅間山焼記』については、筑波大学古文書研究会の佐藤文香・赤羽智世・齊藤桃[9]による全文の翻刻と詳細な解題が既にあるので参照いただきたい。以下で史料の本文を引用するさいには、原文を書き下し、この翻刻で付された内容ごとの整理番号を〔　〕内に示すことにする。

1.『信州浅間山焼記』の書誌

『信州浅間山焼記』の書誌と筆者

まず、『信州浅間山焼記』の書誌と内容の概略を見ておく。

『信州浅間山焼記』は、筑波大学附属図書館に所蔵される和装本である（請求記号ヨ216-192、旧登録記号3680号）。法量は23.5 cm × 16.1 cmで、楮紙を二つ折にして綴じた竪帳の形態を取る。刷り物ではなく、毛筆で書かれた原本であり、他に写本は見当たらない。表紙・裏表紙を除くと、本文は墨付22丁から成っている。

この史料は、巻末の「附言」〔18〕を見ると、「天保九戊戌（1838年）二月」に真木の屋志げきなる著者によって作成された天明3年浅間山大噴火の災害記録であることがわかる。真木の屋志げきについては、手がかりがなく、謎の人物である。

もとの所蔵者の蔵書印は、三つ捺されている。その一つは、「桃林堂蔵書」と読み取ることができる。この印記が確認できる文献はほかに見当たらない。他の二つの蔵書印は、筑波大学の前身校である東京師範学校（明治6年（1873）8月～19年（1886）4月）、東京高等師範学校（明治35年（1902）3月～昭和27年（1952）3月）の図書館のものである。したがって、明治前半期に東京師範学校の蔵書となり、筑波大学に引き継がれたものと推定される。

届書を集めた災害記録

　『信州浅間山焼記』という表題は、青い表紙に直接記されている。表紙には、題簽と呼ばれる細長い紙片を貼られていた形跡があるが、既に逸して今はない。この表紙は、同じ素材でできている裏表紙とともに、後に補われたものである。よく見てみると、本文と同じ楮紙に記された元の表紙・裏表紙と見られるものが現在の表紙・裏表紙に貼り込まれている。この元の表紙には「浅間山焼記」と記されている。

　表紙をめくると、本文の冒頭に「信州浅間山焼届書」という内題が記されている。本文の末尾〔17〕には、「右、浅間山焼諸方御届書、原本の儘書き写す」と記される。これらから判断すれば、この史料は、もとは『信州浅間山焼届書』という表題で、真木の屋志げきによって天明3年浅間山噴火についての各方面からの報告文書である届書が集められ、原本通りに忠実に書き写され、集成されたものということになる。

　実際に内容を見てみると、天明3年(1783)の7月6日から15日にかけて記された16通の届書(内1通は絵図)から成っている(**表2**)。差出人は、2件〔8・9〕を除くと、信濃国(群馬県)・上野国(長野県)・武蔵国(埼玉県)に領知をもつ大名や旗本・幕府代官らが記した届書である。その宛先は、内容から判断すると、ほとんどが幕府(公儀)の役人で、老中田沼意次や側用人、幕府代官の上司・上級役所にあたる勘定奉行・勘定所である。

　しかも、これらの中には、常陸国下館(茨城県筑西市)に領知をもつ旗本と見られる奥山公、武蔵国川越藩(埼玉県川越市)の家中三浦主水、伊予国松山藩(愛媛県松山市)の家中矢田紋右衛門から寄せられた届書4通〔8～10・16〕が含まれている。真木の屋志げきは、これらの人々と交流があり、浅間山噴火の情報を交換していたことがうかがえる。これらのことから、謎の人物である真木の屋志げきとは、このような交流のもとで幕府への届書を閲覧しえる知識人であったと考えられる。

表2 『信州浅間山焼記』所収の届書

No.	日付	表題	差出	宛先
1	10日	板倉伊勢守様より公儀江御届書	上野国安中藩主板倉勝曉	公儀
2	11日	松平右京亮様より公儀江御届書	上野国高崎藩主松平輝和	公儀
3		表三番町御小納戸伊丹雅楽助様より公儀江御届書	旗本伊丹直純	公儀
4		牧野遠江守様御在所信州小諸より到来書状写	（信濃国小諸藩主牧野康満）	
5	13日	牧野遠江守様御途中より参候書状之写	信濃国小諸藩主牧野康満	公儀
6		信州小諸より参候浅間山絵図	（信濃国小諸藩主牧野康満）	
7		信州浅間山焼ニ付、栗橋より参候書付写	武蔵国栗橋関所加藤氏	
8		上州より申来候書状之写〈常陸下館奥山公〉	山六（未詳）	古谷助左衛門ほか7名
9		（信州・上州の有ら増し）〈常陸下館奥山公〉		
10	8日	（信州代官遠藤兵右衛門御届書）〈常陸下館奥山公〉	代官（信濃国御影陣屋）遠藤良到	勘定奉行
11	15日	（松平大和守御届書）	武蔵国川越藩主松平直恒	老中（田沼意次）
12	6日	（伊丹雅楽亮知行所金沼村注進）	上野国金沼村百姓	
13	11日	御代官衆より御届書弐通	代官（信濃国中野陣屋）原田孝定	勘定所
14	11日		代官（信濃国御影陣屋）遠藤良到	勘定所
15	10日	（武蔵東葛西領金町名主勘蔵訴書御届書）	関東郡代伊那忠尊	側用人松平信明
16		上州前橋大変荒増下館より被遣候〈武蔵国川越藩士三浦主水・伊予国松山藩士矢田紋右衛門〉	御普請組大西永八郎	

（註）No. は註9)の論文に付された整理番号に対応する。日付は、7月を省略した。表題での〈　〉内は、真木の屋志げきに対して届書を提供した者である。

2. 有史における浅間山の火山活動

信州・上州にまたがる浅間山

　次に、『信州浅間山焼記』を考察する前に、浅間山およびその噴火を概観しておく。

　浅間山は長野県（旧信濃国。信州）と群馬県（旧上野国。上州（じょうしゅう））の県境（旧国境）に連なる山々の一つで、標高2542mの山である（図2）。県境に並ぶ山々には、山岳信仰が存在する。人々は、古代以来、山々の頂に神の存在を感じ、崇めてきた。

　浅間山の神は、江戸時代には浅間山大権現（だいごんげん）と称された。権現とは、仏が神として権（かり）に現れるの意で、いわゆる神仏習合（本地垂迹説（ほんちすいじゃくせつ））における神号であ

図2　浅間山とその周辺

（20万分の1地勢図「長野」を基図にして作成）

る。浅間山では修験道が発達したと言われ、その開祖とされる「役行者」(役小角)の説話も残されている。その祭祀を司る別当寺は2か寺ある。一つは信濃国塩野(長野県北佐久郡御代田町・小諸市)にある真言宗真楽寺である。もう一つは上野国鎌原(群馬県吾妻郡嬬恋村)にあった天台宗延命寺である[10]。この両寺院は、信濃・上野それぞれからの登山口に位置しており、いわば浅間山の登山者をも管理する役割を果たしていた。

活火山としての浅間山

　私事になるが、筆者は平成16年(2004)10月23日17時56分に群馬県高崎市の飲食店内で新潟県中越地震の揺れに遭遇した。マグニチュード6.8、震源の深さ13 kmの直下型地震で、腰掛けていた椅子ごと倒れるのではないかと恐怖した。このとき飲食店内にいた地元の人々が一斉に「浅間山が噴火したんじゃないか？」と叫び、テレビの臨時ニュースに釘付けになっていたことを記憶している。浅間山は、現代においてもいつ噴火してもおかしくない活火山であり、人々の脅威となっていることを思い知らされた体験であった。なお、浅間山は、平成27年(2015)4月下旬から火山性地震、6月16日9時30分ごろおよび19日17時ごろに小規模な噴火が観測されるなど、現在も活発な火山活動を続けており、警戒されている(同年10月15日現在)。

　有史以降における浅間山の火山活動[11]としては、六国史の最初である『日本書紀』[12]天武14年(685)3月是月条に見える信濃国における降灰を最古とする説がある[13]。これに次ぐ噴火は、中御門右大臣藤原宗忠の日記である『中右記』[14]天仁元年(1108)9月5日条に見えるもので、ここには「麻間峯」と山の名が明記される。この噴火では、上野国内の耕地が大打撃を受け、以後、新田荘の開発が進められることになった[15]。

　江戸時代に入ると、災害記録が多数残されているせいか、小規模な噴火が三十数回も記録されている。そのなかにあって大規模な噴火としては、たった一度だけが記録されている。それこそが天明3年(1783)4月に始まる浅間山噴火である。

3.『信州浅間山焼記』から見た天明3年の噴火

信濃国小諸からの届書

　『信州浅間山焼記』に収められた届書は、天明3年（1783）浅間山噴火の脅威を生々しく活写している。次に、三つの届書を見ることにより、天明3年の浅間山噴火を追体験してみる。

　この年の噴火は、4月8日（旧暦。以下同様。なお太陽暦では5月8日）が最初と言われている。ただし、『信州浅間山焼記』には、5月26日の2度目の噴火のころから記録されている。まず、信濃国側、別当真楽寺周辺を支配する小諸藩主牧野康満の届書〔4〕を見てみる（引用中（　）内は筆者。以下同様）。

> 　浅間山、五月廿六日よりたびたび焼け出し候へども、格別の儀も御座なく候ところ、当月（7月）六日未の刻（14時ごろ）より焼け出し、震動いたし候事夥しく、戸障子の闇、焼け音にて物毎聞き兼ね候、昼夜止む事これ無し、空え焼け上がる石降る事雨の如く、煙先は東の方え向き申し候、小諸方には石振り申さず候へども、見請け候ところ、大きさ大茶碗、又は手桶ほど成る石ども焼け上がり、その上稲光止む時無し、大筒（大砲）を打ち、或いは鉄砲乱れ打ちに仕り候如くにて、城内二夜臥せ申さず、小諸領平原村（小諸市）・八幡村（八満村。佐久市）・塩野村・馬瀬口村（御代田町）は逃げ候ひて壱人も居り申さず候、塩野村は家も潰れ候程に御座候、七日夜中、足軽壱人、坂本（群馬県安中市）より着仕候ひて申し候は、峠は片手にて持ち候程成る石、三尺・四尺程も道端に溜まり申し候、半死半生にて着き仕り候、峠より坂本の方、別けて強死人御座候、
> 一、城下の者ども逃げ去り、家中の者どもも家内には居難く、野中え罷り出で居り申し候、只今の分にては婦人どもは何方え成りとも立ち退かせ申すべきやと用意仕るべく候由、（後略）

　これは7月8日に小諸を出た飛脚からの情報である。牧野康満は、参勤交代

のため、江戸から小諸への帰路にあり、その途次で国元の状況を知ることになった。

5月26日の噴火で降灰があった後は落ち着いていたが、7月5日から7日にかけて激しい噴火が発生した。6日に大量の軽石を降下させる烈しい噴火が起こった。偏西風が吹く季節であったため、小諸側は助かったが、東の上野国側には大茶碗か、または手桶ほどもある焼けた噴石が空へ飛び上がり、雨のように降り注ぐのが見えたという。しかし、浅間山上の稲光は止むことなく、大砲を撃ったか、鉄砲を乱れ撃ちしたかのような轟音が続いた。小諸城内では二晩ほど寝ることもできず、また、領内の村々では百姓がみな逃げていなくなった。その様子は、絵図〔6〕に描かれている（図3）。

7日の夜に中山道坂本宿からやって来た足軽によれば、上野・信濃国境の碓氷峠の道端には、片手で持てるぐらいの軽石が90〜120cmほども積もっていたという。彼は、命からがら小諸にたどり着いたと言い、峠から坂本宿の間では、おそらく不幸にも噴石に当たってしまったと見られる、横死した人々の

図3　「信州小諸より参候浅間山絵図」

（筑波大学附属図書館所蔵『信州浅間山焼記』）

遺体にも遭遇した。

小諸城下の人々は逃げ惑い、家の中にもいられず、野原に出て様子見をしていた。そして、女性を避難させる準備も始められたと言う。

上野国高崎からの届書

今度は上野国側の届書を見てみよう。次の史料は、7月11日に上野国高崎藩主松平輝和から幕府へ出された届書〔2〕である。藩主は江戸にいたようで、在所の高崎にいる家来から伝えられた内容を届け出ている。

> 私在所上州高崎、信州浅間山焼け出し候趣にて、当月（7月）に至り少々宛震動し、焼け砂降り候ところ、五日鳴り闇、焼け石砂強く降り申し候、石砂など所により三、四寸降り積もり、七日昼ごろより闇夜の如くにて鳴り闇など相止み申さず、いよいよ降り強く、城下町家五間（軒）潰れ申し候、八日未の刻、戸根川（利根川）俄に出水、泥水・焼け石等田畑え押し入り候ところ、程無く常の水に相成り申し候、尤も城内は別条御座無く、人馬怪我等御座無き旨、在所家来どもより申し越し候あいだ、先ず此の段御届け申し上げ候、委細の儀は追って申し上ぐべく候、以上、

小諸からの届書にあったように、偏西風によって、上野国側には激しい降下物に見舞われた。この届書では、高崎城内は別条なし、人馬に怪我なし、と表向きは報告された。

5日には、鳴り闇、すなわち空が暗くなり、噴火の爆音がとどろき始めた。焼けて熱い石砂が飛び交い、地面に9〜12cmほど積もった。鳴り闇は7日の昼ごろからいっそうひどくなり、昼間でも闇夜のように真っ暗になった。降下物もひどくなり、高崎城下ではその重みで家が5軒、倒壊した。

8日の午後2時ごろには、藩の領内を流れる利根川の水が突然あふれ出した。いわゆる鎌原熱泥流が押し寄せたのである。それは、泥水だけでなく、焼け石なども含み、田畑に流れ込んだ。間もなく「常之水」、すなわち利根川の流れは平常の水位に戻った。

田村・早川論文、井上著書などによれば、もっとも激しい噴火は7日に終

図 4　浅間山と蒲原の鬼押出岩

(平成 26 年 (2014) 9 月 28 日、筆者撮影)

わった。その間に吾妻火砕流をはじめとする火砕流の流出が数回あった。現在、観光の名所となっている鬼押出岩を形成することになる溶岩流も流出した（図 4）。翌 8 日の 8 時過ぎには晴れ間も見えたものの、10 時ごろに山腹から鎌原土石なだれが流出する。鬼押出溶岩流の内部の高温高圧部がその減圧を契機に爆発した可能性が高く、山麓にあった柳井沼周辺から泥が吹き出し、その沼地は跡形もなくなった。鎌原土石なだれは北北東へ下り、吾妻川に流れ込んだ。土石なだれは、大量の河川水を取り込み、鎌原熱泥流となって吾妻川流域、ついで利根川、江戸川の流域を襲った。それは、激しく通過していくが、高崎で観察されたように、間もなく何事もなかったかのように、静かな流れとなった。

高崎からの届書は、このような推移を冷静に観察して記されている。その観察眼は、現代の科学的考察にも耐えうるもので、鋭い。

栗橋関所番士からの届書

河川の状況は、日光道中と利根川が交差する地点の交通を監督する栗橋関所（埼玉県久喜市）の関所番士加藤某の届書〔7〕に詳しい。

ここには、「誠に前代未聞の大変」として、鎌原熱泥流の様子が詳しく報告

される。栗橋では、7月7日・8日の両日に利根川を流れてきた多数の廃材と遺体が見受けられた。その死者数は「万人余り」と噂された。それらは、上野国内を流れる神流川・烏川・利根川の流れをせき止めたという。この被災は、農業用水を使用不能とさせていくことになる。

　利根川上流の河岸（川港）では、家々が泥に埋もれてしまった。人々はその棟に上がって難を逃れたものの、4日間は食事を取ることもできなかった。関東郡代伊奈忠尊、御普請組大西永八郎の届書〔15・16〕によれば、利根川は以後、河床が上昇したことにより、舟を通すことができなくなってしまうのである。

　吾妻川流域の長野原は押し流され、一面が「泥海」になった。ここを縦貫する信州道も通行できなくなった。

　泥水（熱泥流）は湯のようで、立ち留まることができないほど熱いという。噴火場所に近づけば近づくほど石の焼けが強く、熱湯のように蒸気をひどく立たせていて恐ろしい。12〜16kmほど手前から見ると、噴石が落ちる音が雷のように鳴り、夜になると炎のように赤く光っていた。周辺の猪・狼の類いはその多くが焼け死んでしまった。

　また、下野国（栃木県）・常陸国にも「砂」が降ったとある。大石著書によれば、降灰は、東日本一帯で広く観察されたと言い、また、鳴動と呼ばれる現象は、蝦夷地の松前（北海道松前郡松前町）から山陽・山陰地方まで見られた。火山灰は農作物の葉面を覆い、生育を妨げたばかりでなく、数年間にわたり成層圏に滞留し、天明飢饉の一因となった。各地で物価も高騰し、とくに浅間山噴火と米価との関係は、「浅間しや富士より高き米直段火の降江戸へ灰のふるとは」〔9〕と、江戸で狂歌にも詠われた。

　このように、『信州浅間山焼記』に収められた届書から見える浅間山の噴火は、日本列島の環境を広範に、そして大きく揺り動かした。冷静な観察眼によって書き記された届書は、現代の私たちにも、この破壊的な噴火を生々しく伝えているのである。

4.『信州浅間山焼記』の関心事

謎を呼ぶ金沼村

　最後に、『信州浅間山焼記』が真木の屋志げきによって編纂された事情を解明しなければならない。そのために、『信州浅間山焼記』に見られる真木の屋志げきの関心事を整理してみたい。その手始めに、信憑性に疑いを持たせる届書を取り上げたい。

　『信州浅間山焼記』に収められるような届書は、当時を知るための一次史料としてしばしば高く評価される。例えば、前節で見た高崎藩主松平輝和の届書〔2〕は、常陸国小田（茨城県つくば市）の元名主で、水戸藩・土浦藩に出仕した農政学者長島尉信の『天明三同七天保四帳』[16]、肥前国（長崎県）平戸藩主の松浦清（静山）の随筆『甲子夜話』巻40[17]など、届書を集成した複数の類書にも採録されている。長島も、松浦も、一次史料に高い価値を置いていた知識人であり、このことからも信憑性の高い届書であると考えられる。とはいえ、現存するのは彼らが写した写本であり、厳密には歴史学における一次史料とは言えないことに注意する必要がある。

　『信州浅間山焼記』には、田村・早川論文、井上著書などで説明しきれなかった届書と同文のものが収められている。それらは、「金沼村」という村の一件を記す届書3通〔3・8・12〕である。ここでは〔12〕を引用しよう。

　一、信州浅間山、六月廿八日より殊の外荒れ候ひて、煙夥しく立ち登り、大石焼け出し、近村一里程の内、作物残らざるよう申し候由、
　一、表三番町伊丹雅楽亮知行所金沼村より追分（長野県北佐久郡軽井沢町）の方え壱里半、横幅廿八町余り、七月四日朝五つ時（8時ごろ）、雷の如くの音いたし候ひて、地え落ち入り申し候、其の跡より煙立ち登り候事夥しく、余り不思議の事ゆえ、其の近村廿三か村立ち退き申し候、勿論、作物・竹木残らず損じ申し候、落ち入り候村数四拾三か村、死に候牛馬は数を知れず、焼け飛び候大石にて相潰し候家数は百七拾五軒、男女死に候数知れず、右の通り雅楽亮知行所金沼村より七月六日九つ時

（12時ごろ）注進申し来たり候由、

　この届書は、ほぼ同文のものが『甲子夜話』に「十八日堀越 亮 泉持参書付」として収められているし、他の2通も、いくつかの記録にほぼ同文の届書を見出すことができる。ただし、金沼村の金を今、沼を沢に充てるものもある。
　金沼村は、旗本の伊丹直純の知行所（領知）とされる。7月4日8時ごろに雷のような音がした後、金沼村から追分宿方向に約6km、幅3kmという範囲が陥没し、その跡から煙が上がったという。陥没した一帯には43か村があり、牛馬が多数死んだ。また、焼け飛んだ大石によって被災した家屋は175軒に及び、死者数もわからない。近くの23か村は、この不思議な事態を受け、避難したという。被災した村はあわせて66か村である。金沼村は伊丹へこの非常事態を6日に報告した。
　しかし、奇妙な出来事である。安井真也[18]は、4日が前日3日とともに噴火の静穏期であったと指摘しており、かかる陥没が起こったとはとても考えにくい。しかも、このような大事件であるにもかかわらず、現地でまったく伝承がない。さらに、翌5日から8日の状況について、伊丹家知行所の被害を述べる届書等が諸書を見ても皆無であることが気にかかる。
　届書では、金沼村の所在を「上州」または「信州」としており、一定しない。田村・早川論文は鎌原村か、その近くにあった別の村である可能性も指摘する。
　そもそも伊丹家の知行所は、『寛政重修諸家譜』[19]によれば、祖父直賢のとき、延享3年（1746）8月および寛延2年（1749）正月に賜った上野国吾妻郡内1000石であり、信濃国内にはない。吾妻郡の領知は、天保8年（1837）8月「御下知書之事」[20]によれば、東・西峯須川（利根郡みなかみ町）、川戸（吾妻郡東吾妻町）、日影、赤岩、生須（以上、同郡中之条町）、坪井（同郡長野原町）の7か村であり、金沼村ないし今沼・今沢・金沢村などの名をもつ村も、枝村・小字なども見当たらない。とするならば、金沼村は実在しない可能性も考えなければならない。すなわち、金沼村に関わる届書が偽文書（捏造された文書）である可能性を考えなければならない。
　偽文書と仮定した場合に、伊丹直純に対する悪意が想定できる。伊丹家は、8代将軍徳川吉宗が将軍家を相続する際に紀伊国和歌山から同行して幕臣と

なった家の一つである。3代目の直純は、同じく和歌山藩出身である、老中田沼意次の甥意致に従姉妹が嫁いでいる。浅間山噴火とその後の天明飢饉は、田沼の政治に対する批判を巻き起こし、意次はもちろん意致の政治生命を奪った。想像をたくましくするならば、田沼と縁戚にある伊丹がやり玉に挙げられても決しておかしくないのである。金沼なる村名、そしてその村の陥落も、田沼時代に横行し、政治を凋落させた賄賂とその終焉を彷彿とさせる。

　以上のように、金沼村の被災を語る届書3通は、偽文書である可能性が高い。偽文書であるならば、よい出来としか言いようがない。だからこそ世間に流布し、また、信用され、少なからぬ知識人の災害記録に採用されてしまったと思われる。このように推定すると、次に述べるように、『信州浅間山焼記』における問題関心に火をつける内容に感じられる。

真木の屋志げきの関心の所在

　次に、真木の屋志げきが記した「附言」〔18〕を考察しよう。

　既述したように、「附言」には天保9年（1838）2月の年紀がある。それは、『信州浅間山焼記』が産声をあげた年紀でもある。天保9年といえば、天保飢饉の直後である。真木の屋志げきは、この飢饉の時代に『信州浅間山焼記』を編んだ。『信州浅間山焼記』は、いま迎えた飢饉の時代にさいし、半世紀前の天明飢饉を回顧したものと推測できる。その関心の所在は、「附言」からうかがえる。

　　『天明夢物語』巻の十四に、信濃・上野の国境に万座山または備野山、吾妻大明神御鎮座之記に、人皇四十九代光仁天皇の御宇、宝亀八年筑波両社の御神託に曰く、この山は信濃の浅間の火が飛ばば万民の難儀なり、これに依りこの山え火徳の神を祭り、この山の硫黄を其の神に預けなば、日本有らん限りその難有るべからずとの御神託なり、これに依り勅免あって近江国日吉の三の宮同体豊斟渟尊を祭り奉るに、此の山の頂上に一夜の内に深沼出来ぬ、神楽を奏じて御神託を聞くに、我此の山に勧請せば、信濃の浅間の火飛び散るとも、山上に四十八沼を水神へ頼んで拵たる我が御手洗なり、必ず穢れ不浄を入るべからず、またこの山の硫黄は決して掘るべからず、若し掘るにおゐては大変有りて、三十里四方不作に成

るべしとの御託なり、然るに、当山に硫黄有る事山師ども知りて、上納を言ひ立て、牧野大隅守（勘定奉行牧野成賢）え願ひ、道中掛り・御勘定よりも田沼主殿頭（老中田沼意次）を手入れいたし、願ひ立て、忽ち願ひ叶へて、上・信両国より人夫を出し、掘りかからんとせし時、山麓に七才ばかりの童子あらわれて、此の山上の硫黄を掘るにおゐては近国大変有るべしと言ひて、消え失せける、されども誰一人聞き入るるものもなければ、天下の威光にて掘り出しけるところに、天明三年七月上旬より西風にて浅間ヶ嶽大きに焼け出し、同六日より浅間の火、吾妻山へ飛びて山上一面に火となりて、四十八沼贄かへり、麓下へ押し流し六十六ヶ村みな熱沼と成り、押し流し砂降りたる処は近国廿五、六里より四十里に及びける、誠に恐べし恐べし、

　「附言」は『天明夢物語』なる文献に収められた「万座山吾妻大明神御鎮座之記」に基づく叙述のようである。ここでいう万座山は、四阿山（吾妻山）や浦倉山から米無山、本白根山に及ぶ一帯の山々の総称と見られ、周辺は硫黄の産地として知られる。

　「附言」によれば、宝亀8年（777）に筑波両社、すなわち茨城県つくば市に鎮座する筑波山大権現の神託があった。それによれば、万座山は、浅間の火が飛び火すると、万民の難儀となるが、火徳神へ万座山の硫黄を預ければその難から逃れることができる。光仁天皇の勅命によって、この山に、近江国日吉社（滋賀県大津市）の三の宮（鴨玉依姫神荒魂）と同体である豊斟渟尊を祀ると、一夜のうちに山頂に深い沼ができ、次のような神託があった。この沼は山頂にある四十八沼の水神に頼んで設けた御手洗であり、決して穢れ不浄を入れてはいけないし、また、この山の硫黄を決して掘ってはならない。もし掘り出したら「大変」が起こり、30里（約120 km）四方は不作になるだろう、と言う。

　ところが、運上金（営業税）の上納を申し入れることにより、「天下の威光」、すなわち老中田沼意次の権威を借り、万座山の硫黄を採掘する者が現れた。山麓に現れた童子が警告した通り、浅間山が噴火し、その火が万座山へと飛び、煮えかえった四十八沼から流出した熱湯が66か村を襲い、熱沼と化してしまったのだという。

ここには、田沼意次の政治に対する批判的精神を見出すことができる。童子の警告を「誰一人聞き入るるものも」いなかったという表現は、同時代の政治・社会風潮に対する反省としてとらえなければなるまい。なお、66か村は、先の金沼村陥没時に被災したという村数と一致しており、先に仮定した伊丹直純への悪意にも通じるだろう。

しかも、田沼時代における万座山の硫黄採掘は史実であり、小林文瑞[21]、井上定幸[22]の研究がある。その採掘は江戸下谷坂本町四丁目（東京都台東区）の商人小松屋藤吉、武蔵国西ヶ原村（同都北区）の次郎左衛門、上野国木崎宿（太田市）の茂兵衛ら他国商人の請負が幕府から許可された明和2年（1765）に始まる。社会に奢侈の風潮が拡がり、花火や火薬、付木の材料となる硫黄もまた需要を増し、急激な開発が進められていったのである。万座山に入会秣場をもつ大笹・大前・中居・干俣・西窪・門貝（以上、吾妻郡嬬恋村）の6か村もまた、この開発を容認した。

しかし、草津村（吾妻郡草津町）をはじめとする27か村は、この開発に対して反対した。それは、もし採掘権が認められれば、山の神の怒りに触れて「大変」が起こり、村々の百姓が難儀するという理由からであった。まさに「附言」と整合する事件が実際に起きていた。そして、天保年間に入ると、地元の有力者による請負のもと、開発がさらに加速していったのである。

「附言」や27か村の主張によれば、山の神に対する畏怖が過剰な資源開発を抑制してきた。ところが、田沼時代の政治・社会風潮は、そのような価値観を相手にせず、硫黄の資源開発を許可してしまった。これが浅間山噴火の甚大な被害を引き起こしたと考える人々がいたのである。『信州浅間山焼記』の著者真木の屋志げきは、この経緯を「附言」にまとめ、資源開発を批判する人々に賛同したことになる。

それは、過剰な開発を、吾妻山大明神の権威を借りた規範意識によって誡めるものである。なぜそのような規範意識の必要性を感じたかと言えば、彼が『信州浅間山焼記』をまとめた時代がまさに天保飢饉の時代であったからに他なるまい。飢饉の時代であったからこそ、政治・社会風潮を批判的にとらえ、内省し、社会を再生しようとしたのではあるまいか。時代は、開国へ、そして明治維新へと向かう前夜であり、変革期である。彼は、過剰な開発を後押しし

た「天下の威光」に反旗をひるがえした吾妻山大明神の権威に対して「誠に恐べし恐べし」と述べるが、その一方で、この神は「日本有らん限り」噴火の難を振り払い、社会に安寧をもたらしてくれることを「附言」の冒頭で語る。相次いで飢饉を引き起こす「天下の威光」を「破壊」して「社会」を再生させる方途として、吾妻山大明神の権威を『天明夢物語』のなかに発見し、その規範意識に基づき、「届書」だけでは語りきれない関心の所在を「附言」として書き残したのである。

おわりに

　以上のように、史料上の限界もあり、推論に終始した感を否めないが、『信州浅間山焼記』という1冊の記録を手がかりに、自然災害を記録し、社会を「再生」させようとした真木の屋志げきの知の位相を明らかにしてきた。

　真木の屋志げきが生きた時代は、天保飢饉の時代である。志げきは、その時代に半世紀前の天明3年浅間山噴火の知識を整理し、自らの規範意識をも表明する『信州浅間山焼記』を編み出した。それは、彼自身による知識・関心の実践ととらえることができる。基になった16通の届書は、旗本や藩士などから提供を受けたもので、彼らとの交流が『信州浅間山焼記』の編纂を可能にさせたと見られる。原本通りに写されたというそれらの届書は、現実味を帯びた生々しい叙述から成り、浅間山噴火の凄惨な現実を読み取ることができるが、一方で、著者である真木の屋志げきの関心により選択された史料であった。

　『信州浅間山焼記』の場合に即するならば、災害記録が時代を経てもなお作成されたのは、単に過去の自然災害を回顧するためだけではない。著者が社会を生きる方途、すなわち社会をより良く再生させる道程を確認するための実践であったと推し量ることができる。災害記録は、その筆者が知識・問題関心を実践するために作成されるもので、社会を再生させようとしたときに生み出されるものと考えられる[23]。

　　付記　本章は、平成25年度公益財団法人稲盛財団研究助成研究「変革期における知識・思想・実践の交錯と創造」(研究代表者　山澤　学)の成果の一部である。

註
 1) 岩本由輝「400年目の烈震・大津波と東京電力福島第一原発の事故」（岩本由輝編『歴史としての東日本大震災―口碑伝承をおろそかにするなかれ―』、刀水書房、2013年。初出は2011年）。
 2) 黒板勝美・国史大系編修会編『日本三代実録』（新訂増補国史大系4、吉川弘文館、1966年）。
 3) 高橋敏『江戸の教育力』（筑摩書房、2007年）。
 4) 本章が取り上げる天明3年浅間山噴火については、約300点の災害記録を収める以下の史料集がある。萩原進編『浅間山天明噴火史料集成　Ⅰ～Ⅴ』（群馬県文化事業振興会、1985～95年）。浅間山麓埋没村落総合調査会・児玉幸多・大石慎三郎・斎藤洋一編『天明三年浅間山噴火史料集　上・下』（東京大学出版会、1989年）。
 5) 差し当たっては、大石慎三郎『天明三年浅間大噴火―日本のポンペイ鎌原村発掘―』（角川書店、1986年）。萩原進「災害と飢饉の推移」（群馬県史編さん委員会編『群馬県史通史編6近世3』、群馬県、1992年）。田村知栄子・早川由起夫「史料解読による浅間山天明三年（1783年）噴火推移の再構築」（『地学雑誌』104巻6号、1995年）。渡辺尚志『浅間山大噴火』（吉川弘文館、2003年）。国立歴史民俗博物館編『ドキュメント災害史1703-2003』（国立歴史民俗博物館振興会、2003年）。中央防災会議災害教訓の継承に関する専門調査会編『1783天明浅間山噴火報告書』（内閣府政策統括官（防災担当）、2006年）。北原糸子編『日本災害史』（吉川弘文館、2006年）。井上公夫『噴火の土砂洪水災害―天明の浅間焼けと鎌原土石なだれ―』（古今書院、2009年）。群馬県埋蔵文化財調査事業団編『自然災害と考古学―災害・復興をぐんまの遺跡から探る―』（上毛新聞社事業局出版部、2013年）。以下、これらの著書・論文は田村・早川論文のように略記する。
 6) 差し当たっては、辻善之助『田沼時代』（岩波書店、1980年。初出は1936年）。
 7) 大熊孝『増補洪水と治水の河川史―水害の制圧から受容へ―』（平凡社、2007年）。
 8) 北原糸子『近世災害情報論』（塙書房、2003年）。
 9) 筑波大学古文書研究会（佐藤文香・赤羽智世・齊藤桃執筆）「災害記録としての『信州浅間山焼記』」（『日本史学集録』30号、2007年）。
10) 萩原進「浅間山系三山の信仰と修験道―浅間山・四阿山・白根山について―」（鈴木昭英編『富士・御嶽と中部霊山』、山岳宗教史研究叢書9、名著出版、1978年）。
11) 国土交通省編「浅間山　有史以降の火山活動」（http://www.data.jma.go.jp/svd/vois/data/tokyo/306_A_samayama/306_history.html、2015年5月6日閲覧）。
12) 坂本太郎・家永三郎・井上光貞・大野晋校注『日本書紀　下』（日本古典文学大系68、岩波書店、1965年）。
13) 早川由起夫・中島秀子「史料に書かれた浅間山の噴火と災害」（『火山』43巻4号、1998年）は、偏西風の風向を考慮し、新潟焼山・焼岳・乗鞍岳・御岳などの噴火と指摘する。
14) 増補「史料大成」刊行会編『中右記』3（増補史料大成11、臨川書店、1965年）。
15) 能登健・峰岸純夫編『浅間―火山灰と中世の東国―』（よみがえる中世5、平凡社、1989年）。
16) 前掲4) 萩原編著、Ⅳ（1993年）。

17）同上。
18）安井真也「天明 3 年浅間山噴火の経過と災害」（前掲 5）中央防災会議災害教訓の継承に関する専門調査会編著書）。
19）高柳光寿・岡山泰四・斎木一馬編『新訂寛政重修諸家譜 21』（続群書類従完成会、1966 年）。
20）長野原町市村家文書（群馬県立文書館「演習ぐんまの古文書入門・演習 3」、http://www.archives.pref.gunma.jp/moyooshi/moyooshi-ensyu2015/moyooshi-ensyu-2015.02-03 k.htm、2015 年 2 月 17 日閲覧）。
21）小林文瑞『近世硫黄史の研究—白根・万座・殺生ケ原の場合—』（嬬恋村、1968 年）。
22）井上定幸「鉱産資源の開発」（群馬県師編さん委員会編『群馬県史　通史編 5 近世 2』、群馬県、1991 年）。
23）歴史学研究者が自らの東日本大震災体験を記録したものとして、東北大学国史談話会による「東日本大震災の体験」（『国史談話会雑誌』53 号、2012 年）、地方史研究協議会による「小特集 東日本大震災と地方史研究」（『地方史研究』370 号、2014 年）がある。これらに掲載された各報告もまた、「再生」へ向けての表明として読む必要がある。

3 景勝地の風景美の変容
近代の松島を事例として

中西僚太郎

はじめに

　風景とは、さまざまに定義可能な概念であるが、ここでは特定の社会集団によって意味づけられた景観としておきたい。さらに、その意味づけの有り様＝風景の見方を、ここでは風景美と称することにする。同じ景観であっても、社会集団が異なれば、異なる風景美が見出されることになり、同じ社会集団であっても時代が異なれば、異なる風景美が見出されることがある。本章では、日本三景の一つとして知られる陸前松島を取り上げ、近世の風景美が、一度は破壊の危機に見舞われながらも再生し、近代にはさらに異なったものに変容していった過程について考察する。方法としては、歴史地理学的なアプローチとして、鳥瞰図（絵図）を主たる資料として活用し、写真資料を援用する。具体的には、明治〜昭和初期のそれらの資料を通時的に分析することにより、風景美の破壊と再生、変容を検討する。

　松島は、一般に230余島あるとされる多島海の松島湾と、周辺の湾岸地域からなる。静かな内湾に多くの島々が浮かぶ風景で知られるとともに、古来仏教行者の霊場として知られ、国宝の本堂をもつ名刹瑞巌寺も位置している。今日では国の特別名勝に指定され、また県立自然公園となっており、東北地方屈指の観光地である。景勝地としての松島は、松島海岸のある松島町を中心とするが、南の塩竈市域も含まれる（以下塩竈はすべて「塩釜」と表記）。塩釜市には奥州一宮である塩釜神社があり、一般に景勝地として松島という場合には、塩

釜地域を含んでいる。そのため、松島は「塩釜松島」（略して「塩松」）あるいは「松島塩釜」と称されることもある。今日における松島の風景美を示すものとして、松島海岸に掲げられている案内板を示したものが図1である。松島海岸から松島湾を望む形で松島の風景が示され、松島湾の島々としては、雄島や福浦島などとともに、沖合の小島としては、仁王島、蓬莱島などが示されている。とくに、仁王の姿になぞらえる仁王島は、松島湾観光の目玉ともいえる島であり、観光ガイドブックなどにもよく取り上げられている。このような松島の風景美は、いつ頃から形成されたのであろうか。そして、松尾芭蕉の「おくの細道」においても紹介され、広く知られる近世の風景美との関係はいかなるものであるのか。現代の風景美との連続性はどうか。その間に断絶はあるのか。本章の主眼はそれらの解明にある。

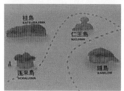

図1　松島案内の看板

（平成20年（2008）2月筆者撮影、左下は仁王島付近の拡大図）

ところで、明治・大正期には銅版または石版印刷による精緻な描写の鳥瞰図が多数作成された。全国の景勝地のなかで、この種の鳥瞰図が最も多く作成されたと思われるのは松島であり、今日、各種図書館や古書市場において、その鳥瞰図を容易に見出すことができる。明治期に作成された松島の鳥瞰図は、「真景全図」と称されることが多く、「松島真景図」（以下括弧は省略する）と総称できる[1]。松島を描いた絵画としては、中世には「慕帰絵詞」などがあり、近世には屏風絵として描かれたものが数多くある。日本画では南画の谷文晁などが松島の風景を鳥瞰図として描いている。版画による刊行図も少なからず存在しており、塩釜と松島を別々に描いたものから、両方を1枚の画面に盛り込んだものもある[2]。近世に刊行されたものは、いずれも木版であるが、明治前期には、銅版ならびに石版技術の普及により、より精緻な描写をもつ鳥瞰図が作成されることとなった。

1. 松島真景図について

作成年代

現存する松島真景図にはさまざまな種類のものがあるが、版画であるため、内容も発行年月も同じである同一物とみなすことができるものがある。また内容は同じでも、発行年月は異なるものがある。前者の同一物は1点とみなし、後者は異なるものとみなした場合、筆者が各種図書館や古書店の情報を通じて、その存在が確認できた松島真景図は全部で44点である。そのうち、発行年次が不明なものが4点あり、発行年次が明らかなものは40点である。それらについて、発行年次別にまとめて示したのが**表1**である。なお表では、後述の蜂屋十馬が作成・発行した、発行年月は異なるが同じ内容の図面については、特別にわかるように示した。

表にみるように、松島真景図の発行年は明治21年（1888）から大正13年（1924）に及んでおり、年代的には明治20年代が最も数が多く、30年代、40年代、大正期と時代が下るにつれ減少する傾向にある。とくに作成が盛んであったのは、明治20年代から30年代はじめにかけてであったとみることができる。また、明治40年代以降は、蜂屋が作成したものが主で、それも明治30

表1　松島真景図の発行年次

年次	図面数	年次	図面数	年次	図面数
明治21（1888）	○○	明治34（1901）		大正2（1913）	
22（1889）	○○○○	35（1902）		3（1914）	●
23（1890）	○○	36（1903）		4（1915）	
24（1891）	○	37（1904）	○●	5（1916）	
25（1892）		38（1905）	○○	6（1917）	
26（1893）	○○○	39（1906）		7（1918）	
27（1894）	○○	40（1907）	○	8（1919）	
28（1895）	○	41（1908）	●	9（1920）	
29（1896）	○○○	42（1909）	●	10（1921）	
30（1897）	○○○	43（1910）	●	11（1922）	
31（1898）	○	44（1911）	●○○	12（1923）	●○
32（1899）	○	45（1912）大正元		13（1924）	●○
33（1900）	○				

（註）●は蜂屋十馬による同版の図面。

年代末に作成されたものが、再版されて（若干の修正がなされている場合もある）発行されているものである。明治40年代以降は、いわば惰性的に作成が続けられていったものが主であったといえよう。

最初のものが発行されたのが明治21年（1888）であったということは、逆にいえば、それまでの間、作成されなかったということを意味する。厳島では明治初期からこれらの資料の作成が継続して行われているのと比べると[3]、これは松島の大きな特徴といえる。その理由としては、松島の景勝や寺院は、近世には仙台藩主の伊達家の保護のもとにあったが、明治維新後は、松の乱伐や山火事などによって景観は荒廃し、瑞巌寺（伊達家の菩提寺でもあった）ほかの寺院も廃仏毀釈によって大きな打撃を受けたことがあげられる[4]。

明治初期の松島の荒廃ぶりを、明治5年（1872）に松島を訪れたフランス人宣教師、マランは、「東北紀行」のなかで次のように述べている[5]。

> 松島自体は、わずか三十戸の部落である。大名が職を辞して以来、この地は一切の価値を失い、ただあちこちに残存している崩れそうな茶屋だけが、ありし日の繁栄を物語っている。（中略）三四〇〇メートルもある長い杉並木は瑞巌寺という有名な仏教の寺院に通じる。樹木の間にあちこち

見える僧侶たちの住宅は、毀れつつあるみじめな小屋のごとくである。大規模な寺院の建物も維持のために必要な費用を欠いているから、倒壊におびやかされている。つまりここに詣る人はほとんどいなくなり、ここの僧侶たちに喜捨をする者はあまりいないのである。[6]

そして、明治9年（1876）に天皇の行幸があったが、瑞巌寺の荒廃を嘆いて、1000円が下賜されている[7]。

そのようななかで、明治21年（1888）から松島真景図が作成されるようになったことになるが、この年は、作並清亮『松島勝譜』が刊行され、桜田周輔『松島図誌』等が再刊されたのと同じ年である。これらのことは、同年頃から松島の再興が図られるようになってきたことを意味する。つまり、松島の景観は明治維新直後から、しばらくは荒廃しており、同年頃に至ってようやく再興してきたといえる。その理由としては、一般的には、激動期にあった社会が安定期に向かったことが指摘できよう。

しかし、より直接的には、後述のように、明治20年（1887）に塩釜まで鉄道が開通し、塩釜から水上を経由して松島へ到来する観光客が増加したことが背景にあったと考えられる。そして、このようななかで作成され始めた松島真景図は、明治40年代以降は作成が低調となっていくが、これについては後に写真帖との関係で検討してみたい。

作成主体と作成目的

発行年次が明らかな40点のうち、古書店から購入したり、各種図書館で複写ならび撮影したりして、筆者が画像を入手できたものは29点ある。それらについて概要を示したのが**表2**である。

図のタイトルは「松島真景全図」、あるいは「塩釜松島真景全図」、「松島塩釜真景全図」と称されるものが多く、「松島真景図」と総称できる。松島真景図の発行者等については、図の注記事項に、著作、編集、発行者、発売所、印刷者・印刷所などさまざまな形で記されている。当時のこれらの表記のあり方は、時代によっても多少異なり、相互の区別が曖昧であったりもするため、厳密にとらえることは困難な事例もあるが、**表2**ではそれらを発行者と著作・

表2 松島真景図の概要

No.	名称	発行年月	発行者	著作・印刷者	図面構成の類型	構図の類型
1	陸前国宮城郡塩釜松島勝景全図	明治21年5月(1888)	太田與八郎(塩釜)	古川正吉(仙台)	A	I
2	松島真景全図	21年9月(1888)	大宮司善五郎(松島)	渡辺為治郎(仙台)	A	II
3	塩松真景全図	22年1月(1889)	玉造寿助:一貫堂(塩釜)	渡辺為治郎(仙台)	A	I
4	宮城郡松島全図	22年5月(1889)	桜井恭三郎(松島)	渡辺為治郎(仙台)	A	II
5	陸前国塩釜松島真景全図	22年11月(1889)	正田治兵(東京)	正田治兵(東京)	B-1	II
6	松島之真景	23年4月(1890)	桜井恭三郎(松島)	渡辺為治郎(仙台)	A	II
7	陸前国塩釜松島真景全図	23年7月(1890)	不詳	不詳	B-1	II
8	松島真景全図	24年9月(1891)	斎藤文之助(仙台)	古内龍之進(仙台)	B-1	II
9	松島真景全図	26年5月(1893)	浅野甚之助(松島)	蔦房吉(仙台)	B-1	II
10	松島真景全図	26年7月(1893)	蜂屋十馬(仙台)	蜂屋十馬(仙台)	A	II
11	陸前国塩釜松島真景全図	26年11月(1893)	瑞巌寺	蜂屋十馬(仙台)	B-1	II
12	松島真景全図	27年12月(1894)	大宮司善五郎(松島)	蜂屋十馬(仙台)	A	II
13	陸前国塩釜松島真景全図	28年3月(1895)	蜂屋十馬(仙台)	蜂屋十馬(仙台)	B-2	II
14	大日本三景一松島真景全図	29年1月(1896)	保瑞会(瑞巌寺)	渡辺為治郎(仙台)	A	I
15	陸前国塩釜松島真景全図	29年3月(1896)	蜂屋十馬(仙台)	蜂屋十馬(仙台)	B-1	II
16	陸前富山大仰禅寺眺望之全図	30年3月(1897)	大仰寺	蜂屋十馬(仙台)	A	※
17	松島塩釜真景全図	30年6月(1897)	浅野甚之助(松島)	蜂屋十馬(仙台)	B-1	II
18	陸前国塩釜松島真景全図	32年5月(1899)	浅野甚之助(松島)	蜂屋十馬(仙台)	B-1	II
19	陸前松島諸島瑞巌禅寺全図	33年7月(1900)	瑞巌寺	青山豊太郎(東京)	C	II
20	松島真景	37年8月(1904)	玉蟲龍之進(仙台)	玉蟲龍之進(仙台)	C	II
21	松島塩釜真景全図	37年9月(1904)	蜂屋十馬(仙台)	蜂屋十馬(仙台)	B-2	II
22	〈松しましほ釜真景全図〉	38年9月(1905)	片岡久太郎(仙台)	片岡久太郎(仙台)	A	I
23	松島真景	40年7月(1907)	相原新之助(仙台)	相原新之助(仙台)	C	II
24	松島塩釜真景全図	42年3月(1909)	蜂屋十馬(仙台)	蜂屋十馬(仙台)	B-2	II
25	松島塩釜真景全図	43年5月(1910)	蜂屋十馬(仙台)	蜂屋十馬(仙台)	B-2	II
26	松島塩釜真景全図	大正3年2月(1914)	蜂屋十馬(仙台)	蜂屋十馬(仙台)	B-2	II
27	松島真景全図	12年4月(1923)	桜井常吉(仙台)	桜井常吉(仙台)	A	II
28	松島塩釜真景全図	12年8月(1923)	蜂屋十馬(仙台)	蜂屋十馬(仙台)	B-2	II
29	陸前松島諸島瑞巌禅寺全図	13年5月(1924)	瑞巌寺	野村銀次郎(東京)	C	II

(註)〈 〉は袋の名称。※はI・II類型以外の構図。

印刷者に大別して示した。ここでの発行者とは、図を発行した人物・店のみならず、図の作成を依頼したと思われる旅館主、寺などを含んだもので、主体的な発行意志をもっていた者という意味である。著作・印刷者とは、図を物理的に作成した者で、画作から彫刻、印刷まで、あるいはその一部を担当した者である。なお、蜂屋十馬などの印刷業者(絵図屋)は、発行者と著作・印刷者を

兼ねている場合が多い。

　表2の発行者に関して注目されるのは、塩釜町では太田與八郎や玉造寿助、松島村では大宮司善五郎や桜井恭三郎、浅野甚之助などの地元者の名がみられることである。太田は塩釜の代表的な宿屋である太田屋旅館の主人であり、玉造は塩釜の薬舗である一貫堂の主人である。桜井については不詳であるが、大宮司は松島海岸随一の老舗旅館観月楼の主人、浅野は松島海岸の物産販売所（土産品店）浅野商店の主人である。そして、これらの地元者が発行者となっている事例は、明治20年代と30年代はじめにはみられるが、その後はみられず、明治30年代後半以降は、著作・印刷者を兼ねる仙台の印刷業者（蜂屋十馬など）が主な発行者となっている。図の著作・印刷者に関しては、正田治兵などの東京の印刷業者の名も一部みられるが、大部分が仙台居住者である。これは仙台には印刷業者が多く、出版業が盛んであったためといえる[8]。

　このような松島真景図の作成目的は、地元の旅館や土産品店の経営者が発行者となっている事例があることから伺えるように、観光客の土産品であったことは疑いない。実際、松島の案内記にみられる松島物産陳列場の広告には松島名産として、松皮細工、貝細工、実竹などとともに、「絵葉書、絵図、案内記類各種」と記されている[9]。ここでの「絵図」は、松島真景図をさすと考えて間違いないであろう。絵葉書や案内記とともに土産品として販売されていたのである。

　ところで、土産品としての松島真景図の価値は、①対象を写実的に伝える、②全体の眺望を示し案内図の役割を果たす、の2点にあったと考えられる。観光客が観光地の経験を故郷の人々に伝えるものとして、対象を写実的に描写したものは必要とされたであろう。また、松島は地上からは一部の景観しか見えないため、全体像はわかりにくい。そのため、上空から眺望したような構図で、松島全体を表現した図は、観光客には案内図として歓迎されたと考えられる。

　以上の作成主体ならびに作成目的に関する考察から、松島真景図の作成経緯としては次のようなことが想定可能である。松島真景図は、地元の塩釜町や松島村の旅館・商店の依頼を受け、仙台の印刷業者によって土産品として作成され始めた。それが好評で売れ行きが良かったのであろう。その後は、仙台の印刷業者自らが主体となって作成されるようになった。

1 陸前国宮城郡塩釜松島勝景全図（明治21年）類型：A、Ⅰ

2 塩松真景全図（明治22年）類型：A、Ⅰ
　図中の楕円は図5の松島海岸と塩釜市街

3 松島真景全図（明治27年）類型：A、Ⅱ
　図中の楕円は図5の松島海岸と塩釜市街

図2　松島真景図の事例（別記図像なし）

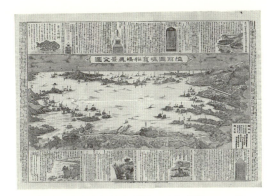

1　陸前国塩釜松島真景全図（明治22年）類型：B-1、Ⅱ

2　松島塩釜真景全図（明治37年）類型：B-2、Ⅱ

3　松島真景（明治37年）類型：C、Ⅱ

図3　松島真景図の事例（別記図像あり）

図面構成

　松島真景図の事例を示したのが**図2**、**図3**であるが、松島真景図の図面構成には、松島湾の鳥瞰図だけのものと、鳥瞰図の上下に近隣の名所や碑文、あるいは瑞巌寺や塩釜神社が別記されているものがある。後者の図面構成がみられるようになるのは、管見の限りでは、**図3-1**で示した明治22年（1889）の図が最初である。松島湾の鳥瞰図の上下に、末の松山、野田の玉川、松ヶ浦、沖の井都島といった名所、ならびに牛石明神、和泉三郎寄進鉄灯、多賀城の碑、燕澤蒙古の碑の絵が、解説文とともに記されている。これらは塩釜市街にある牛石明神、和泉三郎寄進鉄灯（塩釜神社）のように、鳥瞰図の描写範囲内にありながらも、鳥瞰図では細部を表現できないものであるとともに（他の図で瑞巌寺や塩釜神社が別記されている場合も同様に解釈できる）、末の松山、野田の玉川、沖の井都島、多賀城の碑、燕澤蒙古の碑のように、その位置が鳥瞰図の

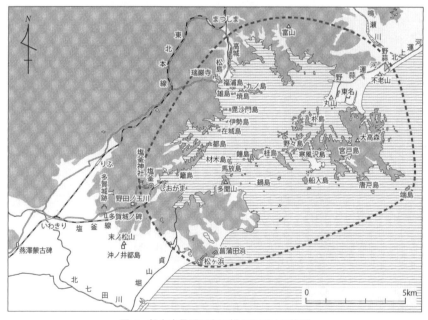

図4　松島真景図で主に描かれている範囲

（破線内が主に描かれている範囲。明治末〜大正初期発行の5万分の1地形図をもとに作成）

描写範囲外にあるもので（**図4**参照）、鳥瞰図では表現できないものであった。これらの名所や碑文は、仙台方面から松島・塩釜へ向かう陸路上にあり、古来旅人が必ずといってよいほど立ち寄る場所で、明治期の案内記にはたいてい記されているものであった。それゆえ鳥瞰図の描写内容を補う意味で別記されていたといえよう。

　これらの別記図像の内容は、図によって多少異なっており、その配置も異なる場合がある。別記図像の有無とその配置の面からは、松島真景図は三つの類型に分けられる。まずは別記図像がないもので、これをA類型とする。次に別記図像があるものは、それが上下に配置されるもの、下だけに配置されるものに分けることができ、それぞれB-1類型、B-2類型とする。また、**図3-3**のように別記の枠が大きく、別記というよりは画面が上下二段に分割されているともいえる図があり、これをC類型とする。松島真景図全体でみると、最も多いのはB類型であるが、明治20年代前半に作成されたものは、別記図像がないA類型が多い。

　別記されている頻度が高いものとしては、先にあげた近隣の名所、碑文、牛石明神のほかには、瑞巌寺、頼賢の碑（らいけん）（鎌倉時代に雄島で修行を積んだ禅僧頼賢を称えた板碑）があり、とくに蜂屋十馬が作成した図では、頼賢の碑が描かれる頻度が高い。また蜂屋の真景図では、松島湾の鳥瞰図の部分は同じで、別記図像の配置や項目が異なるものだけのものがみられ（**表2**中のNo.11、13、15）、別記図像を変えることにより商品にバリエーションをもたせていたことがうかがえる。

構図と描写範囲

　図2、**図3**の松島真景図の事例にみるように、描かれている鳥瞰図は、すべて陸から海を眺めた構図をとっており、海から陸を眺めたものはない。これは近世の屏風絵には、海からの眺めたものがみられること、木版の刊行図のなかにも、海からの視点で描かれたものがあることとは対照的である[10]。そして視点と視線の方向は、富山（とみやま）の大仰寺が発行者となっている図を除いて、すべて松島湾北西の上空から松島湾を眺める形となっている。

　描写範囲は、遠景を別とすれば、図の左端は野蒜（のびる）、不老山（ふろうざん）、右端は塩釜神社

であるのがほとんどであり、この範囲を図示したのが図4である。この範囲は、明治末期に県営の松島公園経営事業によって指定され、その後の史蹟名勝天然記念物保存法による「名勝松島」、ならびに第二次世界大戦後の「特別名勝松島」に受け継がれてきた「松島」の範囲とほぼ同じである。松島真景図でとらえられていた「松島」は、一般に「松島」と認識されてきた範囲とほぼ同じとみることができる。

このような陸から海を眺めた構図をもつ真景図は、松島海岸と塩釜市街の描かれ方の違いから、二つのタイプに分けることができる。Ⅰ類型は、図2-1、2のように、画面の右側に塩釜市街が、左側に松島海岸が描かれるもので、塩釜と松島海岸が画面上では対等に扱われているものである。視点の位置は、塩釜と松島海岸の中間の陸地上にある。Ⅱ類型は、図2-3、図3-1～3のように、松島海岸が図の正面に描かれるもので、松島海岸が中心に描かれ、塩釜は右上隅に小さく描かれる。視点の位置は、松島海岸後方の陸地上にある。松島真景図の大部分はこのⅡ類型の構図をもつものであり、Ⅰ類型の真景図は、巻物形態のもの（No.14）と文字の注記がないまったくの絵画といえるもの（No.22）を除けば、図2に示した2点のみである。ちなみに、各類型の構図を模式的に示すと図5のようになる。

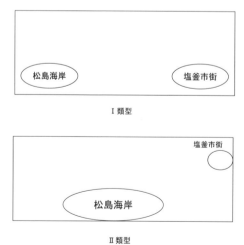

図5　松島真景図の構図

Ⅰ類型は近世の絵画によくみられる構図であり、近世的な構図といえる。著名な谷文晁の「松島塩釜図」は、左右に非常に細長い図であるが、基本的にはこの構図の一種とみることができる。図2-1は、図の注記には、「著者 故人 小池こいけ曲江きょっこう、増補兼彫刻者 古川ふるかわ正吉しょうきち」とあるが、小池曲江は、近世の塩釜出身の著名な画家で、「塩釜・松島図屏風」や「松島塩釜真景図巻」など、谷文晁と同様に、左右に細長い松島の図を描いている[11]。図2-1は、小池曲江が近世に描いたものを増補して作成されたものと判断でき、まさに近世的な構図をもった図といえる。発行年次の面でも、図2に示したⅠ類型の図は、松島真景図が発行され始めた明治21年と翌年に発行されている。

また、このⅠ類型の2点は、発行者が塩釜の太田屋旅館もしくは一貫堂となっている点が構図と関係していると考えられる。すなわち、塩釜町の旅館や商店が発行者となっている図では、塩釜の市街を強調して表現するため、この構図がとられたと考えられる。同様の観点からみると、Ⅱ類型の構図をもった真景図の発行者は、明治20年代は主に観月楼や浅野商店などの松島海岸の旅館や商店であり、それゆえ松島海岸を正面に据えた構図がとられたといえよう。そして、真景図の製作をしていた蜂屋などの印刷業者は、自ら作成主体となって図を作成するようになっても、この構図を踏襲していった結果、Ⅱ類型の構図をもつ真景図が大部分を占めることになったといえる。そして、塩釜町の旅館や商店が発行者となっている図が明治20年代はじめに限られているのは、松島において塩釜の観光地としての地位が低下する一方、松島海岸の地位が上昇していったことを反映したものと考えられる。明治中期以降、塩釜は観光地としてよりも、港湾都市として発展していくことになる。

ただし、構図の問題は、発行者のみならず、松島真景図の主題とも関わる点であり、この点については以下の表現内容との関係でさらに検討したい。

2. 松島真景図の表現内容

松島真景図の記載項目

松島真景図では一般に、島々や寺社、旅館等が絵画的に描かれていると同時に、文字でその名称が記されている。そこで、ここでは別記図像は対象外とし

て、松島湾を鳥瞰図として描いた部分に関して、図中に描かれている対象と名称について検討してみたい。

松島真景図に表現されている内容は大別すると、松島湾の島々、松島湾に突き出た半島・崎、松島海岸の寺社（瑞巌寺ほか）・町並み（旅館・商店）、塩釜の町並み（旅館・商店）・塩釜神社、名所旧跡、松島外の遠景に分けることができる。

島々に関しては、宮戸島、寒沢島、桂島をはじめとして、大きな島はほとんどの図において描かれるとともに、雄島を含む松島八島や七福神島、千貫島、伊勢島、小町島のような古来よく知られる島はほぼすべての図において描かれている。

松島海岸に関しては、今日でも著名な松島の代表的観光ポイントとなっている瑞巌寺、五大堂、観瀾亭は、すべての真景図において描かれているといってよい。また、陽徳院などの寺も多くの図で描かれており、名所旧跡で描かれているものとしては、雄島の寧一山碑、西行戻り松などがある。

松島海岸の旅館・商店に関しては、観月楼はほぼすべての図において描かれており、鈴木屋についても描かれている場合が多い。浅野商店は、その名称の初出は同店が発行者となっている明治30年（1897）の図からであり、発行者の意向によって名称が記載されるようになったものといえる。そして、明治30年代後半以降の仙台の印刷業者が作成主体となって発行された図では、浅野支店のような他の商店も記されるようになるが、これは真景図がこれらの商店で販売されることを意識した結果とみることができる。一方、塩釜市街の旅館に関しては、太田屋、海老屋、斎藤屋などの名称が記されているが、明治30年代以降の図では名称はあまり記されなくなっており、これらの塩釜の旅館と真景図との関係が希薄になっていったことが伺える。

遠景では、画面の左端、北東から東に関しては、金華山、萩浜、石巻などの町村が描かれている。画面の右端、南から南西に関しては、不忘山、相馬卯の崎などが描かれるのが一般的であるが、まれに富士山や仙台市が描かれる例もある。

また、松島の眺望として著名なのは四大観といわれる大高森、冨山、扇谷、多聞山からの眺めである。それらの場所のうち、多聞山以外はほとんどの図において対象が描かれ名称も記されているが、多聞山については、対象そのもの

3 景勝地の風景美の変容　63

図6　松島海岸の整備された埠頭
(「陸前国塩釜松島真景全図」(明治22年) による)

は描かれているが、名称が記されているのは2点あるにすぎない。

　以上のような鳥瞰図の表現内容とは別に注目されるのは、松島海岸の埠頭と汽船である (図6)。汽船が接岸できるように整備された埠頭は、明治21年 (1888) の最初の図 (No.1) を除いてすべての図に描かれており、Ⅱ類型の図では画面の中央に近い位置に描かれている。そして、そこに接岸しつつある汽船については、4点を除いてほとんどに描かれている。汽船は塩釜港ならびに塩釜港と松島海岸を結ぶ湾上にも描かれる場合が多く、これらは塩釜港から松島海岸埠頭へ汽船が航行していることを示している。

　明治20年代においては、松島湾の遊覧観光専門の汽船はなく、遊覧用に用いられていたのは、北上川航路の汽船であった。それは本来、一関から石巻、北上運河・東名運河を経て松島湾を横断して、塩釜まで貨客を輸送するための汽船であったが、手隙の場合は松島湾の観光にも利用された[12]。真景図に描かれる汽船は、この汽船であったと考えられる。そして、北上川航路の汽船が松島湾観光にも用いられるようになったのは、明治20年 (1887) に上野 (東京) - 塩釜間の鉄道 (日本鉄道) が開通し[13]、鉄道を利用して塩釜まで観光客が来るようになったことが影響していると考えられる。図7に示した真景図には塩釜港とともに、塩釜停車場ならびにそこへ向かう汽車が描かれているのは、こ

64　第Ⅰ部　生活の場における破壊と社会秩序の再生

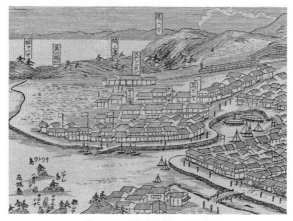

図7　塩釜駅と鉄道、塩釜港
（「陸前国塩釜松島真景全図」（明治22年）による）

のことを暗示しているといえよう。

　このようにみるならば、松島真景図では、鉄道で塩釜まで到着し、塩釜港から汽船で松島海岸へやってくる観光客の動き（もしくはそのルート）が、重要なモチーフとなっていると考えられる。さらにいえば、松島海岸が正面に据えられ、埠頭と接岸しつつある汽船が画面のほぼ中央に描かれていることから、図の主題は、「塩釜からの汽船が到着する松島海岸」であるということができる。

　図の構図との関連では、この主題を表現するにはⅡ類型の構図が効果的であり、それゆえ大部分の真景図はこの構図をとるようになったと考えられる。つまりⅡ類型の構図は、松島海岸への汽船の航行に対応した構図であるといえる。これから逆にとらえるならば、Ⅰ類型は手漕ぎ船での遊覧に対応した構図とみることもできる。Ⅰ類型の構図のもとになったともいえる谷文晁の「松島塩釜図」のような横長の長大な松島湾の描写は、まさにゆったりと塩釜から松島海岸へ向かう手漕ぎ船での遊覧をイメージさせるものである。一方、塩釜と松島海岸との距離が短く描かれたⅡ類型は、汽船の就航によって塩釜−松島間の時空が短縮された松島湾のイメージに対応しているとみなすことができよう。

　また、各図の表現内容を全体的に比較して指摘できることは、内容の踏襲性である。著作・印刷者が同じ場合は、踏襲性はより高くなるが、異なる場合も

表現内容は非常に類似する傾向にある。そのため、明治20年代前半に作成されたものが、その後の表現内容を規定したとみることができる。

ところで、他の表現内容に関して注目されるのは、仁王島や蓬莱島、花魁島といった、今日の松島観光の顔ともいえる島々が描かれていないことである。この問題については、次の写真との関係で詳しく検討してみたい。

松島案内記・写真帖との比較

松島に関しては、真景図と同じく観光客向けの土産品として、案内記ならびに写真帖が明治以降数多く発行されている。それらについては、現段階では、明治21年（1888）から大正14年（1925）までのものについて32点が確認できる[14]。これらのうち、大正初期までのものについて、写真掲載の有無を示したのが表3である。

表3 松島案内記・写真帖の一覧

No.	名称	写真	発行年月
1	松島勝譜		明治21年 7月（1888）
2	松島図誌		21年 8月（1888）
3	松島案内		21年10月（1888）
4	明治新刻松島案内		21年10月（1888）
5	松島島巡道しるべ		27年 8月（1894）
6	松島遊覧の栞		32年 8月（1899）
7	日本三景一 松島写真帖	○	34年 8月（1901）
8	仙台松島名勝案内		37年11月（1904）
9	松島案内		38年 8月（1905）
10	松島塩釜仙台写真帖　MATUSHIMASHASHINCHO	○	38年 9月（1905）
11	松島志を季	○	40年10月（1907）
12	仙台松島塩釜遊覧の栞	○	42年 5月（1909）
13	最新松島案内	○	43年 9月（1910）
14	松島道しるべ		大正元年 8月（1912）
15	最新松島案内	○	元年 9月（1912）
16	松島大観	○	2年 9月（1913）
17	松島案内	○	2年 9月（1913）
18	松島写真帖	○	2年 9月（1913）
19	仙台松島塩釜最新遊覧案内 附金華山案内	○	2年 9月（1913）
20	新撰松島案内	○	2年10月（1913）
21	松島案内（仙台塩釜金華山）附松島公園区割予定図	○	3年 6月（1914）

（註）○は写真が掲載されていることを示す。15は、13の増補版。

表4 松島案内記・写真帖に掲載されている松島関係の写真

No.	名称	発行年月	松島海岸	五大堂	瑞巌寺	観瀾亭	観月楼	大観山・貴賓館	松島ホテル	松島パークホテル	雄島・渡月橋	福浦島	屏風島	二子島	恵比寿島	大黒島	布袋島	伊勢島	十二姫島	旭島
7	日本三景一 松島写真帖	明治34・8(1901)	○	○	○	○					○	○	○	○	○					○
10	松島塩釜仙台写真帖	38・9(1905)	○	○	○	○											○			
13	最新松島案内	明治43・9(1910)	○	○	○		○													
16	松島大観	大正2・9(1913)		●	●	●	●	●	●											
18	松島写真帖	2・9(1913)																		○
19	仙台松島塩釜最新遊覧案内	2・9(1913)	○	○	○				○											
20	新撰松島案内	2・10(1913)	○	○	○															

(註) ○はその写真が掲載されていること、●は写真の代わりに彩色の絵が掲載されていること、▲は

　案内記類は明治21年から始まるが、その理由については先に述べた通りである。発行年次別にみると、大正2年（1913）には5点の刊行がみられ特筆される。これは同年に国際観光ホテルである松島パークホテルが完成したのを機に、県立公園となっていた松島を宣伝すべく、県主催の松島記念大会が大々的に開催されたことと関係している[15]。

　これらの案内記類において印刷された写真が掲載されるようになるのは、明治34年（1901）の『松島写真帖』が最初である[16]。そして同年以降のものに関しては、大部分のものに印刷された写真が掲載されており、明治30年代後半以降、写真の入った印刷物が普及するようになったとみることができる。

　明治期の写真の印刷技術としては、コロタイプと写真網版（網凸版）があるが、コストの面から案内記や写真帖などに広く用いられたのは写真網版である。写真網版による写真の印刷は、わが国の出版物では、『日清戦争実記』の成功を嚆矢として、明治28年（1895）創刊の雑誌『太陽』の刊行を機に、その後広まったとされる[17]。松島の案内記類における印刷写真は、やや遅れて明治30年代後半以降に普及したといえよう。

　これと関連して注目されるのは、明治40年代以降、松島真景図の作成が低調となることである。印刷された写真が登場したことによって、対象を写実的

3　景勝地の風景美の変容　67

諸島																	岬			海水浴場			眺望						
材木島	不老山	馬放島	◇経ヶ島	花魁島	蓬莱島	絵島	仁王島	化粧島	兜島	烏帽子島	喜島	大掛島	桂島	毘沙門島	在城島	七福神島	代ヶ崎	貝名ヶ崎	御殿崎	多門山	代ヶ崎	菖蒲田濱	桂島	桂島から	大高森から	新冨山から	冨山から	雁金森から	大観山から	扇谷から	君ヶ岡から
○	○	○	○	○	○	○	○	○	○	○	○	○	○	○	○	○	○													
○	○	○	○	○	○	○	○	○	○	○	○	○	○	○	○	○					○	○	○								
○	○	○	○	○	○	○	○	○	○	○	○	○	○	○	○	○					○	○	○		▲						
○	○	○	○	○	○	○	○	○	○	○	○	○	○	○	○	○							○								
○	○	○	○	○	○	○	○	○	○	○	○	○	○	○	○	○															

写真の代わりに彩色の鳥瞰図が掲載されていることを示す。◇は松島八島。

図8　写真帖と真景図の比較（五大堂）

（左：『松島写真帖』（明治34年）、右：「松島真景全図」（明治24年）による）

に描写した真景図は、その価値の一部を失うことになったのではないかと考えられるからである。図8は、五大堂を事例に、写真帖に掲載された写真と真景図の描写を対比したものであるが、図にみるように、当然のごとく写真は対象をよりリアルに表現したものであり、観光客にはより魅力的に思えたであろう。写真の登場によって、対象を写実的に描写するという真景図の役割は、写真にとって代わられ、それゆえ、真景図の作成は明治40年代以降低調になっ

たと考えられる。

　松島案内記・写真帖のなかから、主要なものについて、写真帖に掲載されている項目を示したのが表4である。案内記や写真帖は、松島とともに塩釜、仙台あるいは金華山も取り上げられている場合が多いが、ここでは松島に関する項目のみ取り上げた。松島に関して掲載されている写真は、松島湾の島々、松島海岸の寺・ホテル等、岬、海水浴場、眺望写真に分けることができる。

　島々の写真に関して注目されるのは、最初の明治34年のものでは、雄島、福浦島、屏風島、二子島、旭島などの松島八島や、七福神にちなんだ恵比寿島、大黒島、布袋島など、故事や文芸でよく知られた島が多く取り上げられているのに対して、その後の明治43年（1910）以降のものでは、雄島、二子島以外は、あまり取り上げられなくなっており、新たに仁王島や蓬莱島（図9）、

図9　写真に表現された仁王島と蓬莱島（岩）
(佐藤豹五郎編『最新松島案内』人文社、明治43年初版、大正元年増補による)

花魁島などが取り上げられるようになっていることである。仁王島や蓬莱島、花魁島は、形態そのものが非常にユニークな島であり、今日では松島観光を代表する島々となっている。案内記や写真帖に取り上げられていた写真は、当初は松島八島や七福神などの形で意味づけられてきた島々が多かったが、次第に形態そのものが魅力的である島々に変化する傾向にあったとみることができる。その背景には、人々の景観の見方が故事や文芸から離れ、対象に即したものになりつつあったことが考えられよう。つまり、時期的にはやや遅いが、明治20年代の日本で生じたとされる「風景の発見」[18]に対応することといえる。また、別のとらえ方をすれば、明治後期（明治30年代頃）に瀬戸内海の風景の見方において起こりつつあったとされる、「意味の風景」から「視覚の風景」への変化[19]に対応するものとみることができる。

　ところで、桂島の近辺にある仁王島、蓬莱島は、真景図では描かれていない[20]（図10）。その理由として、仁王島、蓬莱島は非常に小さいため、図には描き込めなかったことが考えられる。しかし、同じく図10に対比して示したように、昭和初期に作成された松島真景図とは異なる意匠をもつリーフレット形態の松島の鳥瞰図には、これらの島々は描かれており、松島真景図においても描く意図があれば、表現することが可能であったはずである。むしろ、これらの島々は明治20年代には注目されず、それゆえ真景図には描かれなかったと考えられる。このことは、明治34年の最初の写真帖において、これらの島々

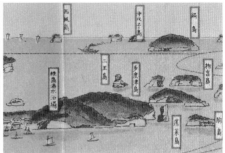

図10　描かれない仁王島と蓬莱島（左）と描かれた同島々

（左：「陸前国塩釜松島真景全図」（明治22年）、右：「松島全景」（昭和3年）による）

が取り上げられていないことと対応する。そして、これらの島々は明治40年代以降の真景図においても描かれていないが、真景図の表現内容は踏襲性が高いため、それらの島々が描かれることはなかったといえよう。

おわりに

　明治〜昭和初期の鳥瞰図や写真を資料として、松島の風景美の変容を検討した本章の結果は、次のようにまとめられる。

　松島を描いた鳥瞰図は、松島真景図と総称できるが、それは、明治20年代初頭に作成が始まり、大正期を通じて作成された。図の作成目的は、観光客への土産品とするためであり、塩釜や松島町の旅館や商店の意向を受けた仙台の印刷業者によって作成されたが、後には印刷業者みずからが作成主体となって発行された。明治20年代初頭まで作成がなされなかったのは、明治維新後の社会変動のなかで、伊達家の保護がなくなり、また廃仏毀釈の影響もあり、松島の景観や寺社の荒廃がしばらく続いたためと考えられる。一時的に松島の風景は破壊の危機に瀕していたといえよう。そして、明治20年代初頭から作成が開始されるのは、社会全体が、明治維新の激動期から安定期へ移行したこともあるが、直接的には、塩釜まで鉄道が開通し、景勝地としての松島を訪れる観光客が増加したためと考えられる。

　松島真景図の構図は、陸から海を眺めたものがすべてであり、描かれている範囲は、今日、松島と通称されている範囲とほぼ同じである。陸から海を眺めた構図には、松島海岸と塩釜とを左右に同等に扱い配置したもの（I類型）と、松島海岸を正面に据え、塩釜は右後方に小さく記されるもの（II類型）とがある。前者は塩釜の旅館・商店が、後者は松島海岸の旅館・商店、もしくは仙台の印刷業者が作成主体となって発行されたものである。明治20年代初頭には、前者の構図のものがみられるが、後にはほとんどのものが後者の構図である。

　このような構図の違いは作成主体の違いとも関わっているが、図の主題の問題とも関わっている。すなわち、I類型は近世以来の漕船による塩釜−松島間の遊覧を主題とした図とみることができ、近世的な風景美を示した図といえる一方、II類型は汽船による塩釜−松島間の遊覧を主題とした、近代の新たな風

景美を示した図とみることができる。図1に示されるような今日の松島の風景美は、松島海岸を前面に置き、松島湾を眺めるという点では、Ⅱ類型の図に示される風景美に類似したものといえ、明治20年代以降の汽船による塩釜－松島間の遊覧が始まったのちに形成されてきたものと考えられよう。

また、今日の松島湾観光の重要な島となっている仁王島、蓬莱島に関しては、松島真景図にはまったく描かれていない。これは、松島真景図は図の踏襲性が強く、明治20年代に作成された図の記載内容が、そのまま引き継がれていった結果である。逆にいえば、明治20年代にはこれらの島々は、松島の風景美の構成物としては認識されていなかったといえる。写真帖や案内記類に掲載される写真を検討すると、仁王島、蓬莱島の写真が掲載されるようになるのは、明治43年（1910）以降である。このことから、これらの島々が松島の風景美の一つとして認識されるようになったのは、明治40年代以降であるとみることができる。

以上のことから、図1に示されるような今日の松島の風景美は、鳥瞰図と写真資料からみた場合、明治20年代と明治40年代との二つの時期を画期として、形成されてきたといえる。松島の風景は、明治維新後しばらくは荒廃し、破壊の危機に瀕した。しかし、明治20年代には再生し、その風景美は、明治20年代の再生当初は近世的なものであったが、次第に現代へとつながる近代的なものに変容していった。その要因として、明治20年代に関しては、汽船の就航や、松島海岸の観光地としての地位上昇（塩釜の地位低下）、明治40年代に関しては、風景をみる人々のまなざしが変化しつつあったことが指摘できる。

　付記　本稿は、中西僚太郎「明治・大正期の松島を描いた鳥瞰図」（中西僚太郎・
　　　関戸明子編『近代日本の視覚的経験―絵地図と古写真の世界―』、ナカニシヤ
　　　出版、2008年、pp.63-80）を改題・改稿したものである。

註
　1)「真景図」という名称は、一般的には、近世南画の一種目をなす絵画の名称として知られるが、明治・大正期の松島や厳島などの鳥瞰図には「真景」という名称が付されていることが多く、「真景図」と総称することが可能である。これらの図における「真景」の意味は、南画における、画家の心意が込められた風景という意味とは異なり、単に写実的な

風景を意味するものであったと考えられる。中西僚太郎「明治・大正期の厳島を描いた鳥瞰図」(『歴史人類』38号、2010年) pp.59-83。
2) 濱田直嗣『東北の原像―美と風土と人の文化誌』(創童舎、2001年) pp.186-212。
3) 前掲1) 中西論文、pp.60-79。
4) 松島町史編纂委員会編『松島町史　通史編Ⅱ』(松島町、1991年) pp.223、224。宮城県教育庁文化財保護課編『特別名勝松島保存管理計画』(宮城県教育委員会、2010年) p.1。
5) 同じマランの松島に関する記述を、佐藤は次のように紹介している。「藩主が黜けられて以來此の土地の重要さは多分に喪はれた。今は鎖され朽ちかけてゐる茶亭も、過ぎし昔の繁榮を無言の中に物語つてゐる。嘗て此のあたりに住んだ人々は、その惠まれた時代に歡樂と饗宴とを主な仕事としてゐたのだが今はさうするには金がない。」(佐藤直助「西洋人の見た明治初年の仙臺と松島」、『仙台郷土研究』6巻12号、1936年、p.6)。
6) H・チースリク訳『宣教師の見た明治の頃』(キリシタン文化研究会、1968年) pp.137、138。
7) 中原鄧州編『松島案内　瑞巌寺略傳』(瑞巌寺、1897年) p.11。
8) 宮城県印刷工業組合編『宮城の印刷史』(宮城県印刷工業組合、1986年)。
9) 佐藤豹五郎編『最新松島案内』(人文社、1910年初版、1912年増補) p.51。
10) 前掲4) 松島町史編纂委員会編著、pp.31-49。
11) 「日本三景展」実行委員会編『日本三景展：松島・天橋立・厳島』(「日本三景展」実行委員会、2005年) pp.116、117、126、127。
12) 武田泰『覚書　北上川の汽船時代』(私家版、2006年) p.101。
13) 日本国有鉄道『日本国有鉄道百年史　第2巻』(日本国有鉄道、1970年) p.443。
14) 中西僚太郎「明治・大正期の松島、厳島および和歌浦に関する案内記・写真帳・鳥瞰図」(『地理学研究報告(千葉大学)』18号、2007年) pp.31-49。
15) 前掲4) 松島町史編纂委員会編著、pp.226-228。
16) 松島に関する最初の写真帖と思われるのは、小川一真による明治28年 (1895) の『Matsushima』であるが、コロタイプ印刷による大判の写真が6枚集成された豪華な写真帖であり、観光客向けの土産品としての写真帖とは異質のものである。
17) 日比嘉高「創刊期『太陽』の挿画写真―風景写真とまなざしの政治学―」(筑波大学文化批評研究会編『植民地主義とアジアの表象』、1999年) pp.63-65。
18) 柄谷行人『日本近代文学の起源』(講談社、1980年) pp.7-43。
19) 西田正憲『瀬戸内海の発見―意味の風景から視覚の風景へ』(中央公論社、1999年) pp.167-182。
20) 花魁島については、多くの真景図で宮戸島の東方に「高島」として描かれるものが相当するのかもしれない。しかし真景図で描かれる「高島」は、花魁島の奇観を呈した島ではなく、当時の5万分の1地形図では高島と花魁島は別の島として示されている。そのため、「高島」を花魁島と断定することはできない。

4 テロリストの原風景
血盟団事件と「常陸三浜」

伊藤 純郎

はじめに

　昭和7年（1932）2月9日、東京市本郷区駒込追分町（文京区向丘）駒本尋常小学校通用門で、元大蔵大臣井上準之助が茨城県那珂郡平磯町（ひたちなか市）磯崎の小沼正に射殺された。さらに翌3月5日、東京市日本橋区駿河町（中央区日本橋室町）三井銀行大玄関前において、三井合名会社理事団琢磨が茨城県那珂郡前渡村（ひたちなか市）前浜の菱沼五郎に射殺されるという事件がおきた。2人がともに茨城県那珂郡出身で、使用した拳銃がブローニング六連発で番号がすりつぶしてあることから、警察が背後関係を追及したところ、井上昭（日召）を首魁に、元前渡村前浜尋常小学校訓導の古内栄司と東京帝国大学法学部学生四元義隆を参謀とする"暗殺団"が、国家改造の手段として「一人一殺」を掲げ政界・財界・特権階級の要人を順次暗殺する計画を進めていたことが判明する。

　五・一五事件に先立ち計画・実行された、この政財界要人暗殺事件は、"暗殺団"が「血盟団」と命名されたことにちなみ「血盟団事件」といわれ、井上日召ほか13人を被告人とする殺人および殺人幇助事件として裁かれた（表1）。

　図1は、『血盟団事件公判速記録』をもとに、事件公判で「血盟団」とみなされた青年達の関係をまとめたものである[1]。ここから、「血盟団」は、二つのグループからなることがわかる。

　一つは、日召が東茨城郡磯浜町（大洗町）東光台にある立正護国堂で題目

表1 血盟団事件

被告人	年齢	本籍	職業	事件への関与	求刑	宣告刑
井上　昭	49	東京市本郷区駒込	無職	首魁	死刑	無期懲役
古内栄司	34	水戸市上市棚町	無職	参謀	死刑	懲役15年
小沼　正	24	茨城県那珂郡平磯町磯崎	無職	暗殺実行	死刑	無期懲役
菱沼五郎	23	茨城県那珂郡前渡村前浜	無職	暗殺実行	死刑	無期懲役
黒沢大二	25	茨城県那珂郡前渡村前浜	無職	暗殺実行に至らず	懲役8年	懲役4年
四元義隆	27	鹿児島市南林寺町	東京帝大生	参謀	無期懲役	懲役15年
池袋正釟郎	30	都城市姫城町	無職	暗殺計画の立案に参画	懲役15年	懲役8年
久木田祐弘	25	鹿児島県日置郡伊集院町	東京帝大生	暗殺計画の立案に参画	懲役10年	懲役6年
田中邦雄	26	鳥取市西町	東京帝大生	暗殺計画の立案に参画	懲役10年	懲役6年
須田太郎	27	福島県信夫郡渡利村渡利	国学院大生	暗殺計画の立案に参画	懲役10年	懲役6年
田倉利之	27	福井県大飯郡加斗利村長井	京都帝大生	暗殺計画に賛同	懲役10年	懲役6年
森　憲二	24	兵庫県津名郡仮屋町久留麻	京都帝大生	田倉の勧誘により参加	懲役8年	懲役4年
星子　毅	27	熊本県鹿本郡稲田村庄	京都帝大生	田倉の勧誘により参加	懲役6年	懲役4年
伊藤　廣	47	東京市浅草区田島町	建築設計監督	暗殺計画の援助	懲役7年	懲役3年

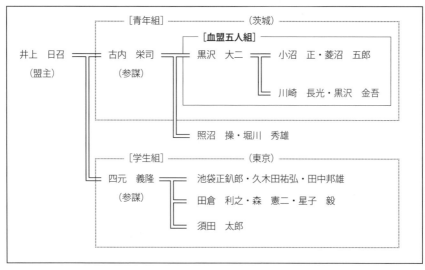

図1　血盟団の青年達

を唱えていた時期に、前浜尋常小学校訓導古内栄司を通じて日召と知遇を得た黒沢大二を中心とする茨城青年組である。このなかに、井上準之助を暗殺した小沼正、団琢磨を暗殺した菱沼五郎、五・一五事件に関与し西田税の暗殺を

企てた前渡村前浜の川崎長光、川崎に西田暗殺を教唆した那珂郡湊町(ひたちなか市)の堀川秀雄、前渡村長砂の照沼操、前渡村前浜の黒沢金吾の「血盟団残党組」²⁾が含まれる。

もう一つは、国家改造を決心した日召が昭和5年(1930)10月に上京し寄宿した安岡正篤の金鶏学院に出入りする東京帝国大学法学部の四元義隆、同文学部池袋正釟郎らを通じて形成された、同文学部久木田祐弘、同法学部田中邦雄、国学院大学神道学部須田太郎、京都帝国大学文学部田倉利之、同法学部森憲二、同法学部星子毅の東京学生組である。

事件の名称となった「血盟団」という名称は、事件当初、新聞紙上で使用されていた「血盟暗殺団」「血盟組」「血盟必死隊」に代わる名称として、事件の主任検事木内曾益が命名したものである。木内によると、事件に直接関与した小沼・菱沼と黒沢大二が互いに血縁関係にあり、また日召および古内を中心に"結盟"し"血盟"という意識を強くもっていたことを踏まえ、事件に関与した茨城青年組と東京学生組を「一括して総括的に云いあらわす」言葉として日召の了解を得て使用したという³⁾。

このように「血盟団」は二つのグループから構成されており、しかも、茨城青年組と東京学生組は互いに「同志」と認めながら組織としての誓約や綱領は存在せず、暗殺の実行・決行に対する意識もかなりの落差があったことに着目するならば、血盟団を一つのまとまった団体(組織)として一括りに捉えることには注意が必要であり、「血盟団」という名称の由来となった"結盟"・"血盟"という意識の形成や暗殺の実行・決行という点において、茨城青年組の存在が極めて大きいことがうかがえる⁴⁾。

本章では、こうした点を踏まえ、政財界要人の暗殺を実行・決行した茨城青年組の思想と行動を、彼らが生まれ育ち生活した地域に即して素描する⁵⁾。

彼らは、どうしてテロに走り、テロリストとなったのだろうか。

1. 茨城青年組―テロリストの原初―

演芸集団「天狗連」

茨城青年組が生まれ育ち生活した場である那珂郡平磯町と前渡村前浜、立正

76　第Ⅰ部　生活の場における破壊と社会秩序の再生

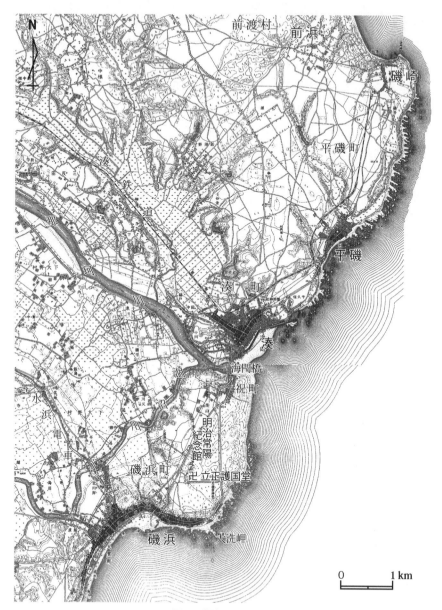

図2　常陸三浜の景観

(基図2.5万分の1地形図「湊」(昭和3年)・「磯浜」(昭和15年)により作成)

護国堂がある東茨城郡磯浜町は漁業を主たる生業とする半農半漁の地域で、その中間に位置し水産業を基盤とする那珂郡湊町とともに一つの生活圏を形成し「常陸三浜」と称されていた（図2）。

「常陸三浜」という生活圏の中で、茨城青年組はどのようにして形成されたのだろうか。この点に関して、小沼正は血盟団事件公判において次のように述べている。

> 私の方に宿子と云ふ習慣があるのであります。男子が十七、八、青年になって来ると家に寝ない、或る一定の所に青年が集合して夜だけ寝る、朝になって自分の家に行って仕事をし、又夜になると其処に寝る（中略）一種のグループを作る、村にはそっちこっち出来る、黒沢君の所はあの辺の一倶楽部になって居りました。黒沢君の家は代々さうしたグループの中心になったらしいのです（中略）。さうした一種のグループを為した青年達で非常に団結力が強い（中略）黒沢君の所に他の宿子が来ても対立しない、此処に黒沢君の人格並びに生活と云ふものがある（中略）。黒沢君は所謂兄貴分だったのです、青年達の中心だったのです[6]。

「常陸三浜」では、若者宿や若者組が昭和のはじめにも存続し、生家が若者宿であった黒沢大二を中心に「一種のグループ」が形成されていたことがうかがえる。

黒沢大二は、農業のかたわら雑貨商、公衆浴場「亀の湯」を経営する家の次男として生まれ、前渡尋常高等小学校を卒業後、両親の勧める湊町の商業学校へは進学せず、農業補習学校や青年訓練所で学びつつ、昼は農業、夜は「亀の湯」の手伝い、農閑期を利用して海産物・雑貨の行商をする生活を送っていた。

> 昭和四年暮頃は非常に雨続きでありました（中略）、それが為に正月になっても何となく村の空気が暗く、村人に元気が無かったから、それを慰めたいと思って村の青年達によって民謡会を組織しました（中略）。それでそれ等の者に依って組織した民謡会を天狗会と呼んでをりましたが、私は自分達が楽しむと同時に之を村民に公開してやりました所、他に娯楽機関の

ない村民は非常に歓迎しました[7]。

　黒沢を中心とする若者組が、長雨で前浜の主農産物である切干芋が腐り、正月の仕度金を欠く村を見て、「自分達が楽しむと同時」に「村の為」に演芸集団「天狗会」を組織したのである。「天狗会」とは「所謂天狗（自慢の事）達と云ふ意味」で、「自分の隠し芸を自慢に他人に演つてみせること」を主たる活動とし、前浜には、「大人達」と呼ばれる25、26歳から30歳までの所帯持ちによる「大天狗連」と17、18歳から21、22歳までの若者による「小天狗連」が存在した[8]。
　この「天狗連」について、三度にわたり上京しそのつど「病気再発ノ為、帰郷養生」を余儀なくされ、黒沢の強い勧めにより「失意」のなか「天狗連」に参加した小沼は、手記である『一殺多生（いっさつたしょう）』のなかで、次のように記している。

　　黒沢を中心とするグループが、公衆浴場「亀の湯」をアジトとして、農民たちに明るい笑いを提供する演芸運動を展開していた（中略）。この演芸グループは、早春の農閑期を利用して、請われるままどこへでも出向き、農民たちに明るい笑いをふりまいていた。また、そうすることによって、自分たちにも自ら、失いかけた笑いを取り戻していた[9]。

　「小天狗連」の一つである黒沢を中心とした「天狗連」は、黒沢の生家である「亀の湯」ばかりでなく、農家の庭先や村の広場などで農村演劇を行い、村人に笑いをふりまいていたのである。
　若者宿や若者組は、日露戦争後の地方改良運動期において官製の青年会・青年団に再編成されたといわれる。しかし、この地域では官製の青年会とともに若者組も存続し、活発な活動を続けていた。農業を生業とする馬渡（まわたり）・長砂・足崎（たらざき）と漁業を生業とする前浜の旧四か村の合併で生まれた前渡村には、風紀の改善・智徳の修養・農事の改良を目的に明治42年（1909）4月に創立された「前渡互助会」と風紀の改善・智力の増進・漁農の改良発達を目的に同年10月に設立された「前浜矯風会」という二つの青年会が存在していたが、「何時とはなしに無実のものと化」していた。こうした青年会の停滞に対し、村の青年

達がとった対応は、村の中心となるような将来性のある青年達が新たな組織を結成し積極的に村内政治に進出するものと、「天狗連」のような非政治的な「娯楽機関」の充実を志向するものに二分された[10]。

　若者宿に根ざし、若者組を中心に形成された演芸集団「天狗連」の活動は、家郷(かきょう)の疲弊と官製青年会の停滞という現状に対し、青年達が自分自身と「村の為」に行った非政治的な青年運動であった。彼らにとって「演芸」は「失いかけた笑いを取り戻す」活動であり、「天狗連」は、「青年としてのいきがい」の拠り所であった。

「天狗連」と古内栄司

　「天狗連」の青年達と古内栄司との出会いの場は、彼らが昭和5年（1930）2月から家業や「天狗連」の活動のかたわら夜間に通い始めた前浜農業補習学校であった。

　古内は、大正12年（1923）3月に茨城県師範学校を卒業し小学校訓導となるが、指導上の問題や自らの煩悶により昭和元年（1926）4月から休職していた。その後、日蓮と法華経の信仰により「神経的苦悩」から回復し、昭和3年（1928）10月、「誰か自分を指導して呉れる人があると云ふ直感」をもって前浜尋常小学校に復職していた。そして、実家がある水戸からの通勤で利用する水浜(すいひん)電車で目にした立正護国堂を訪問し、加持祈祷を行っていた日召と出会うのである。

　古内は、日召との出会いを次のように述べている。

> 私は最初先生に会って、此の人に俺は総てを打込んで行かう、それはもう理屈でないのです、私が求めに求めて居った只一人の師と仰ぐ人、こゝであったな、最初に私は行った時に、さふ云ふ感じがありました、私は無条件に、理屈なしに、井上和尚の中に這入ってしまった（中略）。私は其の人格と云ふか、徳と云ふか、それに包まれてしまった、斯う思はれます[11]。

　こうして日召と師弟関係を結んだ古内は、加持祈祷の方法を身に付け題目修行を続ける。やがて、身体が弱く病気がちであった同僚の照沼操を立正護国堂に誘う。

昭和4年（1929）2月、日召を訪問した照沼は、身体を「見テ貰ヒマシタ処其ノ痛ム箇所カヨク判リマシノテ、信仰ノ威力ハ大シタモノタト思ヒ」「夫レヨリ熱心ニ日蓮宗ヲ信仰シ始メ」[12]、日召と師弟関係となる。

「天狗連」の青年達と古内・照沼との交流は、こうした状況のなかで始まったのである。

上級学校への進学の機会が閉ざされ、村における教育の機会が限られていた青年達にとって、午後1時から夜まで開かれていた農業補習学校は満たされぬ知識を補う場となった。黒沢は、「私の所へ何時も集まる青年達は私が出席しないと大部分が欠席してしまう」ため、先頭に立って農業補習学校への出席に努めたという。

　　古内さんは国語の時間に一、二年生に話す様な話をしてくれました。それは本当に小学校の小さな生徒に話す様な事でした（中略）。私は小学校一年より高等二年卒業迄の間に数多くの教員に接しましたが、古内さんの様な本当に真面目な人には接した事はありませぬでした。私は兄の様に感じて来ました[13]。

黒沢の証言からうかがえるように、古内は農業補習学校で二十歳前後の青年達に対して「一、二年生に話す様な」事柄を平易な語り口で話したという。

古内の話は、夜学の講習後に行われた座談会でも続き、そこでは「御題目の御修業」「信仰生活」に関する話が中心となった。そして、「古内さんと知る様になってから心境が変って来ました」と黒沢が述べているように、「うわさに高い法華キチガイ先生」は徐々に青年達の心をつかみ、前浜が浄土真宗であることから法華経に批判的であった彼らの「反抗心が段々と溶け」、毎日9時頃から12時頃まで古内の指導のもと、「亀の湯」を道場として題目修行が行われるようになる。

題目修行には、照沼、黒沢、小沼、照沼初太郎、小池力雄、川崎長三郎、大内勝吉、鯉渕力之助、塙勝三ら「天狗連」の青年達、黒沢大二の父七郎をはじめとする「老人組」、那珂郡神崎村（那珂市）本米崎小学校訓導で湊町生まれの堀川秀雄らが参加した。その後、題目修行の道場は、深夜の騒音に対す

る苦情から「亀の湯」の向いの菱沼徳松(とくまつ)宅に移され、徳松の三男である五郎、前浜の黒沢金吾、前浜の川崎長光も参加した。

菱沼五郎は、前浜尋常小学校を首席で卒業し、かねてからの希望であった岩倉鉄道学校を昭和4年（1929）10月に卒業したものの「色盲弱」のために鉄道会社に就職できなかった。「色盲の者迄入学せしめるといふことは余りに無責任であり営利主義極ると思ひ憤慨」し「失意のまま帰郷」するなか、自宅で行われていた題目修行に参加し、題目修行を通じて本格的に日蓮宗の信仰に入る。

> 夫れ迄は私は精神的に煩悶が無かったのですが、夫れからは社会に対して漠然たる公憤を感じました。将来何をするかといふことも分らずに家にごろごろして煩悶をして居りましたが、夫れ迄は附和雷同で日蓮宗を修業して居たのですけれども、此の信仰に依って此の煩悶を解決せんとし、自分も本当に真剣に信仰に入らうと思ひました[14]。

政財界要人暗殺事件を引き起こした血盟団の原初は、国家改造や暗殺（テロ）とはおよそ関係のない、若者組による非政治的な演芸集団「天狗連」を母体とする題目修行に励む青年組であり、そこには古内・照沼といった、みずからも煩悶し、その解決方法を日蓮宗や題目修行に求める真面目な訓導が介在した。"結盟"・"血盟"関係は、若者宿と村の小学校を舞台に、「宿子」青年達と補習学校訓導が題目修行を通じて結びつくなかで形成されたのである。

そのような茨城青年組が、なぜテロに走ったのか。

2. テロリストへの道

日召との出会い

昭和5年（1930）4月、青年達は、古内と照沼の引率により立正護国堂を訪問した（図3）。日召の話は、「黒沢やほかの連中も、ハトが豆鉄砲をくったようにきょとんとしていた」[15]と小沼が『一殺多生』に記すように「難解」であったが、こうして日召との結びつきが生まれる。

『血盟団事件公判速記録』によると、古内を通じて青年組との結びつきが始

まったころの日召は、いわゆる「倍加運動」と称される「宗教的啓蒙運動」を考えていたという。すなわち、日召と「生死を共にして呉れる」同志を農村に派遣し「私共の目指して居る所の運動精神と云ふやうなものを、宗教的の言葉を借りて」導き、「一人が一人を捉まへれば二人になる」「何年目かになると非常に大きなものになる」「それで東京を包囲する、無抵抗で議会を包囲し、東京市を包囲して、交渉委員を挙げて、政党を解散しろ、議会を渡せと云ふことを交渉する」運動であった[16]。

やがて、青年達と日召との結びつきが深まると、菱沼宅や立正護国堂での題目修行が、病気治療・健康回復などの現世利益を求めた「宗教的神秘感に陶酔」したものから、「人生問題に転向」し「国家社会問題を是非する」ようになる。その結果、青年達は、積極的に題目修行を行い日召との結びつきを強めるグループと、それに距離を置くいわゆる「軟弱退転組」に二分され、昭和5年（1930）6月、古内・照沼・黒沢・小沼・菱沼の5人は日召から居士号を与えられた。

　　初めの宗教的神秘感に陶酔した時代は面白かったけれども、人生問題に転向して来てからは、所謂それと同時に、半面に国家社会問題を是非するやうになったものですから変に感じたらしいです、客観的空気も違って来た

図3　井上日召像と立正護国堂

ものですから、軟弱退転組は少し見当が違った、同時に又倦怠期入って居った（中略）其の頃毎晩菱沼君の家に集るのは、私、古内さん、黒沢君、黒沢金吾君、菱沼君、あとは来たり来ないだりするやうになった、黒沢君が早くも看取し、此処まで来たのだから今引っ張れば本物になれる、其の楔として古内さんから先生に、居士号を貰ふことを頼んだらしい[17]。

その後、立正護国堂に出入りしていた霞ヶ浦海軍航空隊飛行学生藤井斉ら海軍将校らとの交流が始まると、彼らは、日蓮宗の信仰よりも、国家問題や政治問題への関心を急速に高めていく。なかでも古内は、国家改造や「革命」への志向を強め、「同志」の獲得に走るようになる。

井上和尚は私に対しては所謂啓発と云ひますか、開発と云ひますかをしてくれたので、俺は国家改造をするのだから君も一つ従いて来い、或ひはやれとかさう云ふことは言はなかった、私が就いて修行をして居る内に私自身の心境が開けて、さうして此の有様を見れば国家改造をやらなければならぬと云ふ所に来てしまった、井上和尚と生死を共にして行くより外に私は道がなくなってしまった[18]。

国家改造運動―暗殺、捨石、革命、一殺多生―

古内の国家改造の方法は「暗殺」であった。

兎に角暗殺、暗殺の目当ては総理大臣、是が所謂我々の目標の心臓部だと思って居りました、之を斃せば兎に角政府は瓦解する、出来ることなら連続的に総理大臣をやる、それは一回はやれるかも知れぬ、二回、三回は是は困難かも知れぬ、其の困難を二回、三回続けたならばもう彼等は手も足も出ぬだらう、さう思った[19]。

こうして「暗殺」という方法で「国家改造をやらなければならぬ」と決意した古内の指導のもと、黒沢・小沼・菱沼らの青年は、「御互同志団結シテ命ヲ投ケ出シテヤラウト言フ事ヲ誓」いあう強い"結盟"関係を形成する。

この時の心境を、黒沢、小沼、菱沼は、それぞれ以下のように述べている。

　日本の政治家、特権階級は帝国の使命を忘れて毛唐の前に屈服したと云ふ新聞の記事を読んだ時、尊王攘夷者の血を受けた拙者等にはじつとして居る事が出来なかつたのです。現在の支配階級は天皇と大衆の間を塞ぎ切つて居る入道雲であります。それで此の国家を救ふには最早言論文章の時代ではない、自分が捨石になつて革命の時季を近づけるより外にないと決心したのでありますが、其れは昭和五年の夏の末頃でありました[20]。

　先生は私達に絶対革命と云ふことは説かれたことはない、修行とかそんなことばかりであった（中略）。革命には古来から流血が伴ふものである、流血の伴はない革命は有り得ない、それは歴史がさう物語って居るのです、流血に伴ふ所の犠牲者は革命する方からも革命される方からも出なければならぬ、我々は其の革命の犠牲となり捨石となって後々の同志に其の犠牲的捨石の上を歩かして行かねばならぬ[21]。

　若し此の国家の現状を打開すべく合法的に彼等を反省せしむることが出来ないならば、最後の手段として所謂一殺多生、破邪顕正（はじゃけんしょう）の降魔（こうま）の利剣を振って之が元凶を屠り、其の流しし血潮を以て洗ふことに依ってのみ国家を救ふことが出来ると思ひ、昭和五年十月頃、既に此の事件に参加することを決心したのであります（中略）。我々は以心伝心で特に其の方法などに付いて話し合ったりしたことはありませぬが、直接行動で打開しなければならぬといふことは全部が覚悟して居りました[22]。

そして、彼らの想いが、日召に「宗教的啓蒙運動」を断念させ、「暴力革命」の道を決意させるのである。

「和尚は寺に居つてお経ばかり読んで居るから最近の国状が判らんのでそんな呑気なことを言つて居るのだ、国家の現状が今日程に行詰らず上層圧迫階級相互の連絡も今日程鞏固（きょうこ）にならない以前なら兎も角も今日となつては何時何処からどんな事件が突発するかも知れず又国民大衆の苦境を思ふ時には一刻も

早く吾々殉国の志士が起つて改造を断行せねばならん」と藤井斉から強く説かれた日召は、昭和5年（1930）10月、以下のように決意する。

> 私達が烽火を挙げ、それによつて指導階級の覚醒を促し彼等の手によつて改造が第一段階梯に踏み上れば最初は勿論極めて不徹底なものにきまつて居るが続いて第二、第三段と転開して行くのは極めて容易な事である（中略）。よし、そうだ藤井の言ふ通り死ねばよいのだ、大死一番だ！[23]

一方で、いわゆる「軟弱退転組」は、「国家改造運動」への道を歩み始めた古内・黒沢・小沼・菱沼らに対してどのようなまなざしを向けていたのか。「天狗連」のメンバーで立正護国堂での題目修業にも参加しながら、昭和5年（1930）6月頃に「御題目ノ仲間ヲ脱ケタ」小池力雄は次のように述べている。

> 夫レハ其ノ年ノ六月頃カラ古内カ此ノ世ノ中ノ偉イ奴モ金持モ皆同シニシテ仕舞ハナケレハ駄目タト云ツテ、目ヲ大キク開イテ両方ノ手テ何カヲ潰シテコネ廻ス様ナ手真似ヲスル許リカ、古内ノ顔色ハ益々ドス黒クナリ、目ハ段々ト大キクナツテ来タノテ、其仲其〔間-引用者註〕テアル事カ恐シク感シタノテアリマス（中略）。古内等ト一緒ニ仲間ニ為ツテ居ル事カ恐シク為リ、段々遠去カツテ仕舞ツタノデアリマス[24]。

小池、大内勝吉、川崎長三郎、照沼初太郎、塙勝三らが「御題目ノ仲間ヲ脱ケ」、ここに、日召・古内と"結盟"関係を結び、「元凶を屠り、其の流しし血潮を以て洗ふことに依ってのみ国家を救ふ」ことを"血盟"した「暗殺団」の原核が形成されたのである。

3. テロリストの原風景

「常陸三浜」

「常陸三浜」には、大正2年（1913）12月に日本鉄道海岸線勝田−湊間で開通した湊（みなと）鉄道と大正11年（1922）12月に水戸（浜田）−磯浜間で開通した路面

図4　水浜電車交通図（吉田初三郎『水浜電車沿線名所案内』1928年）

電車である水浜電車の二つの路線が敷設されていた。

　湊鉄道の路線は、大正13年（1924）に平磯・磯崎、昭和3年（1928）には前浜まで延長された。湊鉄道の延長によって、平磯町や前浜の海岸地帯には別荘地やすでに開設されていた平磯海水浴場に加え、新たに阿字ヶ浦海水浴場の開発が進められた[25]。

　一方、水浜電車の路線も湊鉄道に対抗するように、昭和2年（1927）2月には湊町と海門橋、昭和5年（1930）11月には海門橋を越えて湊町辰ノ口まで延長され、湊町から磯浜町を経て水戸と直結する交通網が完成した（図4）。

　湊鉄道と水浜電車は、ぞれぞれ『常総新聞』『いはらき』新聞と提携し、阿字ヶ浦海水浴場と磯浜海水浴場や別荘分譲地の宣伝合戦を展開し、海水浴客や保養客の来遊を競うために互いに種々の催し物を開催した。

　立正護国堂は、宮内大臣を歴任した田中光顕と水浜電車社長竹内勇之助が、湊鉄道に対抗し、磯浜や大洗に海水浴客や保養客を呼び込み、水浜電車の乗客数を増やすため、「東光台停留所」近くの磯浜町字大洗東光台に、明治天皇の銅像や遺品を展示する「常陽明治紀念館」とセットに、昭和3年（1928）暮に

設立した日蓮宗立正護国聖堂社教会所である。日召が立正護国堂に招かれたのは、彼自身の意思ではなく、かねてから親交のあった田中の秘書高井徳次郎の依頼による。

　昭和3年（1928）10月に前浜尋常小学校に復職した古内が、水戸の実家に帰省しており水浜電車の車中から目にした完成したばかりの立正護国堂を訪問し、「オマンダラ」と称された加持祈祷を行っていた日召と出会うのはこうした「常陸三浜」の交通網の存在があった。

　演芸集団「天狗連」の結成、古内を指導者とする題目修業、立正護国堂での題目修業を通しての"結盟"関係は、海水浴場や別荘分譲地の開発や鉄道網の整備という状況のもと「常陸三浜」という生活圏において形成されたのである。

「理論」よりも「実行」

　明治31年（1898）11月にまとめられた『茨城県町村沿革史』によると、平磯町と前渡村前浜の「人情風俗」は、「本町ハ過半漁民ニシテ農、商ニ業ヲ兼ネルモノ多シ、人情ハ概ネ守旧ノ傾アリ、又漁夫等ニ至リテハ稍狭固ノ気象ア

リ」（平磯町）、「人情概子質朴ナルモ海浜ニ接スル地ハ風俗言辞倶ニ甚タ粗野ナリ」（前渡村前浜）と記されている[26]。

　こうした「人情風俗」に関して、血盟団事件公判のなかで、「被告が見る所で被告の村の気風等で特に注意する様な事があったか」という裁判長の質問に対し、黒沢が次のように答えていることは注目される。

> ありました。私達の所は東は太平洋に面し、北は日立の鉱山より立のぼる黒煙は濛々として太平洋に向って棚引いて居ります。西を眺めると筑波の峯は雲を突いて居ります。此の自然の中に育ちました私共は非常に心に影響した所があります。そして其の気分は理論よりは実行だと云ふ様になって来たのに力あると思ふのです。彼の辺の気風は殆どが理論より実行だと云ふ方へ向いておるのです（中略）。私の祖父は明治維新の事については非常に詳しくて当時水戸藩に起きた天狗乱の話等つぶさに聞かしてくれました。又、桜田門で働いた浪士の中に黒沢と云ふ姓の人が居りますが、それは私達の一つの誇りでありました[27]。

小沼もまた同様の供述をしている。

> 海と云ふものは非常に力強い神秘的なものを与へて呉れると云ふことは今でもさう思って居るのです（中略）、信州の人は理屈ぽいと聞いて居ります、行って見ると実際理屈ぽいです、信州に行って初めて分った、信州は山が多くて寒い所ですから夜炬燵に入る、山から来る感じ、海から来る感じとは丸で違ふ、山は非常に理智的の感じを起させるに対して、海は感情的な感じが起ると云ふことは、私達が理屈なしに井上先生に従いて行ったと云ふことは、理的に動いて行ったと云ふより所謂感情的に動いて行った、是は幼年時代から来た所の生活に原因して居ると思ふのです[28]。

　『茨城県農業史』は、「常陸三浜」を「"非常時日本"の救国劇に、殺し屋（アウトロー）として登場する無法者の産地」[29]と表現しているが、"血盟"意識で形成された「血盟団」には、「常陸三浜」の「人情風俗」が影響しているように感じられる。

おわりに

　昭和7年（1932）3月8日付『いはらき』新聞は、「兇漢を出した前浜区民謝罪す　きのふ区民大会を開き　団男の弔霊と謝罪文決議」という見出しを掲げ、以下のように報じた。

　　団男爵射殺犯人菱沼五郎を出した那珂郡前渡村前浜区は六日午後二時から区長を岡本春吉氏を会長として前浜小学校に区民大会を開き、左記の決議をなした。
　　決議
　　一、前浜区民として菱沼五郎の不祥事に関し天下に其の罪を謝する事。
　　二、将来再び斯る不祥事を防遏する事。
　　三、団琢磨男爵葬儀の当日前浜浄妙寺に於而区民一同会し霊位を設け哀悼の意を表すると共に前浜区民の名に於て弔電を発する事。
　　謝罪状
　　嗚呼昭和七年三月五日何んたる悪日ぞ、我日本財界の大立者たる団男爵閣下を狙撃したる兇徒を我等の住する前浜より出したることは一大痛恨事にして何と御申訳してよいか分らぬ、我等区民一同は団男爵閣下の霊位を前浜なる浄妙寺に設け御弔らひをすると共に偏に御詫びを申あげ、而して罪を天下に謝せんとするものである。満天下の同胞諸士、我等区民の苦衷を察し御寛容あらんことを希ふものである。我等区民は今後再び斯かる不祥事を演ぜしめざるやう極力防遏の手段を講ずると共に、積極的改過遷善の行為に出でんとするものであるから幾重にも我等区民の謝罪の意を諒とせられたいのである。

　前浜区民は、「菱沼五郎の不祥事に関し天下に」謝罪し、哀悼の意を示したのである。そして、この日の夜、前浜に帰郷した黒沢大二は、叔父の説得で自首した。
　本章での考察から、血盟団の原初である若者組による演芸集団「天狗連」の

活動は、茨城青年組が生まれ育った「常陸三浜」を明るくすることで、煩悶や挫折などみずからの精神的苦悩から脱却するものであったことがうかがえる。こうした「自我救済」は、古内や日召との題目修行のなかでより深化し、政財界要人の暗殺（テロ）の実行により純化した。茨城青年組は、テロの実行と国家改造という「破壊」を通して、自己と国家の「再生」を実現しようとしたのである。

しかし、血盟団事件と事件の第二弾として実行された五・一五事件を通じて「再生」を目指した「国家」は、政党政治の終焉と軍部の台頭という形で、新たな「破壊」への道を歩む。

こうした状況を物語るように、血盟団事件と五・一五事件の公判では、「物凄い減刑運動」が展開され[30]、「兇漢を出した前浜区民謝罪す」という「原風景」もまた消え去るのである。

註

1) 血盟団事件の概要は、1939年に公表された司法省刑事局篇『右翼思想犯罪事件の綜合的研究』、1967年より刊行された事件の当事者である小沼廣晃編『血盟団事件公判速記録』全3巻（血盟団事件公判速記録刊行会、上巻1967年、中・下巻1968年）・『血盟団事件上申書・獄中手記』（血盟団事件公判速記録刊行会、1971年）、今村力三郎訴訟記録第10巻～第16巻『血盟団事件』全7巻（専修大学今村法律研究室、1986～92年）、日召をはじめとする関係者の手記などから把握することができる。

2) 五・一五事件は「海軍側と民間側の行動を二分して先づ民間側が直ちに実行に移り一人一殺主義の暗殺を引き受ける。海軍側は第二弾として同志の凱旋を俟つて陸海軍連合軍を作つて第二次破壊戦を行ふ」（司法省刑事局篇・斎藤三郎執筆「右翼思想犯罪事件の綜合的研究」『思想研究資料特輯』53号、司法刑事局、1939年、p.85）というシナリオのもと行われたもので、関与した42人（海軍側10人、陸軍側11人、民間側21人）の中には川崎・黒沢・照沼・堀川の「血盟団残党組」が含まれていた。

3) 木内曾益「「血盟団」の名称の起り」（『警察官生活の回顧』、非売品、1955年）pp.11、12。

4) 青年組と学生組は相互の人的交流はあったが、「学生組は大体に於てインテリであるがこれでと云ふ様な本当に力強い信念が少々かけて居る様な気がする」（小沼正「上申書」、前掲1)『血盟団事件上申書・獄中手記』p.541）と実際の行動に関しては一枚岩ではなかった。また、「暗殺決行の段」になると、「体格、体格上破壊行動に不適当と認めたる者を漸次淘汰」することが行われ、この過程で、学生組では森・星子・田倉・久木田が「淘汰」された。

5) 血盟団事件研究に関しては、①高橋正衛『昭和の軍閥』（中公新書、1959年）、②安田

常雄「「血盟団」事件の発生と論理」(『季刊社会思想』2巻3号、1972年)、③松沢哲哉『アジア主義とファシズム』(れんが書房、1979年)、④大野達三『「昭和維新」と右翼テロ』(新日本出版社、1981年)、⑤小林秀夫「「現状破壊派」のファシスト」(『昭和ファシストの群像』校倉書房、1984年)、⑥岡村青『血盟団事件―井上日召の生涯―』(三一書房、1989年)、⑦伊藤純郎「血盟団事件覚書―村の青年と家郷―」(『自然・人間・文化―場としての歴史学・人類学―』、筑波大学大学院博士課程歴史・人類学研究科、1997年)、⑧中島岳志『血盟団事件』(文藝春秋、2013年) などを参照のこと。

6) 小沼正「公判記録」昭和9年7月14日 (前掲1) 小沼廣晃編、下巻) p.93。
7) 黒沢大二「公判記録」昭和9年5月10日 (前掲1) 小沼廣晃編、中巻) p.45。
8) 小沼正「磯の藻」(前掲1)『血盟団事件上申書・獄中手記』) p.673。
9) 小沼正『一殺多生―血盟団事件・暗殺者の手記―』(読売新聞社、1974年) p.65。この他にも小沼には「獄中随感もものはな」(1934年)、「磯の藻」(1934年)、「随筆昨是今非」(1934年) (以上は前掲1)『血盟団事件上申書・獄中手記』に収録)、「一人一殺第一号」(『日本週刊ダイジェスト』臨時増刊号、1956年12月号) などの「手記」がある。
10) 東敏雄編『聞きがたり農村史Ⅰ　大正から昭和初期の農民像』(御茶の水書房、1989年) pp.43-67。
11) 古内栄司「公判記録」昭和9年4月24日 (前掲1) 小沼廣晃編、上巻) p.515。
12) 照沼操「聴取書」(前掲1) 今村力三郎訴訟記録第10巻『血盟団事件 (1)』) p.218。
13) 黒沢大二「公判記録」昭和9年5月10日 (前掲1) 小沼廣晃編、中巻) pp.46-49。
14) 菱沼五郎「公判記録」昭和9年5月8日 (前掲1) 小沼廣晃編、中巻) p.7。
15) 前掲9) 小沼著、p.81。
16) 井上昭「公判記録」昭和9年3月27日 (前掲1) 小沼廣晃編、上巻) pp.79、80。
17) 小沼正「公判記録」昭和9年7月17日 (前掲1) 小沼廣晃編、下巻) p.128。
18) 古内栄司「公判記録」昭和9年4月26日 (前掲1) 小沼廣晃編、上巻) p.542。
19) 古内栄司「公判記録」昭和9年4月26日 (前掲1) 小沼廣晃編、上巻) p.544。
20) 黒沢大二「申立書」(前掲1)『血盟団事件上申書・獄中手記』) p.246。
21) 小沼正「公判記録」昭和9年7月21日 (前掲1) 小沼廣晃編、下巻) p.187。
22) 菱沼五郎「公判記録」昭和9年5月8日 (前掲1) 小沼廣晃編、中巻) pp.12、13。
23) 井上昭「獄中記」(前掲1)『血盟団事件上申書・獄中手記』) pp.21-23。
24) 小池力雄「証人尋問調書」(前掲1) 今村力三郎訴訟記録第15巻『血盟団事件 (6)』) pp.35、36。
25) 明治前期の海水浴は病気の治療を目的とした医療行為で、海水浴場は岩場を含む海岸が好まれ、平磯海水浴場は開設の時期が早期に属する海水浴場の一つであった (小口千明『日本人の相対的環境観―「好まれない空間」の歴史地理学―』、古今書院、2002年) pp.124-141。
26) 細谷益見『茨城県町村沿革誌』(1897年) pp.151-153。
27) 黒沢大二「公判記録」昭和9年5月10日 (前掲1) 小沼廣晃編、中巻) p.41。
28) 小沼正「公判記録」昭和9年7月3日 (前掲1) 小沼廣晃編、下巻) pp.11、12。
29) 茨城県農業史研究会編『茨城県農業史　第3巻』(茨城県、1968年) p.531。
30) 富岡福寿郎『五・一五と血盟団』(弘文社、1932年) pp.527、528。

5 津波とともに生きる人びと
東日本大震災被災地でのフィールドワークから

木 村 周 平

はじめに―天災は忘れた頃にやってくる―

　「天災は忘れた頃にやってくる」。この言葉は、明治から昭和初期に活躍した物理学者でありエッセイストでもあった寺田寅彦のものとされるが、彼の死後80年が経過する現在においても全く古びていない。いやむしろ、平成23年（2011）3月11日に起きた東日本大震災の発生から時間が経過するなかで、次第にそのリアリティを強めつつあるように思える。

　震災から4年半になる本章執筆時点において、津波の被災地ではいままさに防潮堤の建設や土地のかさ上げなどの大規模な工事が進められている。仮設住宅を出て自分自身の家に移るのにはまだ時間がかかるという人もかなりの数に上る。そうしたなか、平成27年（2015）3月に復興相は復興予算の国費負担という方針の見直しを示唆し、大きな反発を呼んだ。地震や津波からの時間が経過しても、必ずしもそれと比例して、その社会的影響としての災害からの回復が進むわけではない。にもかかわらず、それを終わったことにしてしまおう、「忘れて」しまおうとする力が働きつつある。原発事故の被害においてはなおさらで、事態の収束にはまだきわめて長い年月がかかることが明らかであるのに、政府は他の原発の再稼働に向けて手続きを進めており、原発そのものの是非はすでに国政選挙の争点から消えてしまっている。災害の語り継ぎの重要性が声高に主張されている一方で、被災地からの風化を恐れる声すらも次第に力を失いつつあるように見える。

とはいえ、「忘れる」ことが人間にとって生理的な現象であることも確かである。人はあらゆることを覚えていることはできないし、忘れることがプラスの影響をもたらすこともある。忘れてしまいたいのに思い出してしまうことも、覚えていようと思っても忘れてしまうこともある。覚えているべきことと覚えていられることの間のせめぎ合いは、私たちが日常の様々な場面で出会う問題であろう。災害の記憶という問題を考えるには、こうした、生理現象かつ社会現象として記憶／忘却の複雑さを念頭に置く必要がある。

　本章では、この災害の記憶という問題を軸に、被災地の破壊と再生について考えてみたい。筆者の専門とする文化人類学は、長期的な現地調査（フィールドワーク）をもとに、そこで出会った現地の人びととの実際の試行錯誤を手がかりとしながら、彼らとともに物を見、考えようとする学問である。災害との関わりのなかで、人びとはいったい何をどのように記憶し、またどのように忘れるのか、そしてそのことは地域の再生とどのように関わるのだろうか。以下では、筆者が震災3ヶ月後から断続的にフィールドワークを行っている、岩手県太平洋岸南部の大船渡市のある地区を事例として取り上げて議論を進める。この地区は震災から10年前に合併によって大船渡市の一部となったところで、漁業が中心的な生業といえる地区である。人口は約2500人（大船渡市全体では約4万人）で、1960年代以降減少傾向にあり、震災前から高齢化も目立つようになっていた。

　この地区を取り上げるのは、三陸沿岸の例にもれず、これまで繰り返し津波に襲われてきたからであり、その結果、津波からの被害を抑える「文化的」な備えがあるとも目されてきたからである。まず、過去の津波について概観しておこう。明治三陸津波（明治29年（1896））では総戸数367戸のうち276戸が流失し、被災前人口2251人のうち、その半数を超える1269人が亡くなったという。この甚大な被害の約40年後、再び襲った昭和三陸津波（昭和8年（1933））では、総戸数432戸のうち276戸が流失し、被災前人口2773人のうち181人が亡くなったとされる[1]。この地区出身の郷土史家の山下文男は、明治に比べて昭和の津波で被害が少なかった原因として、老人たちが明治の津波を記憶していたことに加え、地震の揺れが大きかったために、人びとが対応を取りやすかったことを挙げる[2]。そして後述のように、この津波のあと、地区では高台

移転が行われた。

　その次に襲ったチリ地震津波（昭和35年（1960））は、被害の地域差が大きな災害であり、大船渡市中心部には大きな被害をもたらしたが、この地区では人的被害はなかった。この津波の後、全国的に防潮堤などの整備が進められ、50年近く沿岸の町々を守ってきたが、今回の東日本大震災での被害を防ぐことはできなかった。この地区では、地区内にいて亡くなった人は少なかったものの、近隣の老人ホームの被害によって、地区全体で約30人が亡くなり、約90世帯が家を失い、漁業施設なども大きな打撃を受けた。

　このようにこの地区は繰り返し津波による被害を受けているが、捉えようによっては、明治三陸、昭和三陸、そして東日本大震災へと、死者数の規模は一ケタずつ小さくなりつつあるともいえる[3]。これについて、いわゆる「津波文化」や「災害文化」、つまり過去の災害の経験や教訓を継承し、防災に生かす仕組みがあると指摘する研究者もいる。その代表例として挙げられるものに、この地域に点在する津波碑がある。その多くは昭和三陸津波の後に朝日新聞からの義援金によって建てられたものであり、「地震が来たら津波に用心」「一度高いところに上ったら戻るな」「これより下に家を建てるな」などの直接的な教訓を示すものとなっているが、この津波碑の存在が今回もいくつかの集落で

図1　大船渡市三陸町越喜来地区にある昭和三陸津波の記念碑

（平成23年（2011）10月撮影）

は被害軽減に役立ったとされた（**図1**）。また上述の山下文男や、紙芝居を通じて昭和三陸津波の悲劇を語り継ぐ田畑ヨシらの尽力で有名になった言葉である「津波てんでんこ」も、端的に緊急時の行動指針を示すものとして、今回の津波後によくメディアで知られるようになった。この「てんでんこ」というのは「てんでばらばら」を指す地元の言葉で、津波が来たときには誰か（あるいは何か）を助けようとすると共倒れになってしまう可能性が高いから、めいめいに逃げて、自分の命は自分で守らないといけない、という意味であるとされる。

このように、津波の記憶をめぐる地域的な営みがあることがこの地区を調査地とする理由である。以下では、第1節でまずごく簡略的に問題を先行研究の蓄積のもとに位置づける。そのうえで、第2節では、「はじめに」で述べたことを手がかりに、筆者がフィールドワークで出会った事例を取り上げ、その分析を通じてこの地区ではどのように被災の経験が記憶／忘却されてきたのかを論じる。

1. 記憶、忘却、風化、文化

災害の記憶、あるいは忘却や風化については、市民や専門家によって取り上げられ、とくに忘却に関して、なぜそうした事態が起きるのかというメカニズムや、それを防ぐにはどうするべきかという対策について、様々に議論がなされてきた。しかしそこでは、忘却や風化という事態は、マクロな統計（マスメディアにおける災害関連記事の量的変化やアンケート調査等）を通じて示されることが多く[4]、実際にどのような状態であるのかというところからの検討は十分になされてこなかったといえる。

何人かの研究者は、この問題を考えるうえで、災害発生の時間間隔がカギであると見ている。そのうえで、認知科学の「忘却曲線」のように忘却を量的に把握したり、物理学的な時間軸に位置づけようとしたりしている。例えば社会学者の田中重好[5]は、平成5年（1993）の北海道南西沖地震時の青森県日本海沿岸部の住民を調査し、避難が迅速に行われたことをもって、「10年前の被災経験が災害文化を育む」と述べている。これに対し、津波工学の第一人者であった首藤伸夫は「記憶の持続性」と題した論考[6]で、津波、経済の好・不況、

伊勢神宮の遷宮など、様々な社会的な出来事をめぐりながら、8年で「大災害経験が重視されなく」なり、10年で「経験が楽観にとって変わられる」（原文に拠る）とし、次のような表を作成している（表1）。

この論考で首藤の作成した表は、社会的な出来事の記憶と忘却を一つの時間軸で説明しようとした興味深いものである。しかし、この表を個別事例に適用できるかといえば、どうも留保事項が少なくなさそうである。というのも首藤自身、この論考のなかで、最近起きた災害が人びとの意識を一時的に高めることや、政治的なキャンペーンによって数年のうちに、なかったことが記憶として捏造されたことなどの一種の攪乱要因について言及しているが、それ以外にも無数の攪乱要因が想像しうるからだ。その点を考慮すれば、この表はあくまで、きわめて多くのものを（半ば恣意的に）捨象した結果としての理念型といえるだろうが、しかしそれらを捨象したモデルが現実の社会現象を理解することに役立つかは疑問である。

それに対して、記憶／忘却を、社会的・文化的な背景によって説明しようとする別のアプローチもある。とくに目立つのが、これを「災害文化」の継承という問題系に位置づける議論である。ある地域で繰り返して被害を生じうるような自然現象（ハザード）が起きるとき、人はそれが再び起きることを予測し、備えをとる。その備えは精神的なものから組織、あるいは建造物などまで、様々でありうる。その備えが有効かどうかは次に起きたハザードで検証され、その成功や失敗から得た教訓を通じて、対応はより適切なものに改変されながら、地域のなかで継承されていく。災害文化とは、こうした、ある環境への適応として生み出され、変化しつつ継承されていくものだとされる[7]。

表1　経験の持続性

年数	事項
72ヶ月	この期間内にPTSDの治療必要
8年	大災害経験が重視されなくなる
10年	経験が楽観にとって変わられる
15年	経験は災害への備えに反映されない
20年	技術伝承できる、ぎりぎりの時間間隔
30年	弔い上げで代表される世代交代

災害文化に対して学問的な関心が集まり始めたのは、ハード中心の工学的防災を推進することのはらむ問題点が指摘されるようになった1970年代のことだが、その頃には、災害文化として想定されるようなローカルな知恵は、都市化や工業化による人口移動や環境改変とともに次第に失われつつあったことも事実である。それゆえ、地域社会学の立場からこの概念を整理した田中重好[8]は、近年のコミュニティの衰退とともに、災害文化も失われつつあるとする。「忘却」や「風化」が問題となるのは、こうした文脈においてである。彼自身の調査によれば、「津波常襲地」と呼ばれるほど繰り返し津波の被害を受けてきた三陸沿岸地方においてさえも、平成6年（1994）の三陸はるか沖地震において避難勧告・命令が発令された地区でわずか10％ほどの住民しか避難していないことが明らかになっている。こうしたなかで過去の実際の被災経験をいかに維持していくことができるだろうか。

　田中は次のように書く。「災害のイメージも関心も高まりながら、対応行動や危機感は減退している。この意味では、災害文化がイメージと関心という部分と危機感や対応行動という部分とでうまく接合されておらず、『中折れしてしまっている』ように見える」[9]。この「中折れ」は田中のキーワードである[10]。

　それに対して興味深いのは、"釜石の奇跡"で知られる防災研究者の片田敏孝らのグループである。彼らはまず風化という言葉の語源を探り、それが「徳によって教化すること」という意味だとする（以下、区別のため、この意味での風化を〈風化〉と表記する）。つまり〈風化〉とは、忘れられてしまったことを意味するのではなく、語られなくなる＝暗黙知化され、文化化されることだと述べる[11]。これは上で田中が示した事例とは全く逆の主張である。つまり田中やその他の研究者が、関心や意識の高まりに対して対応行動が衰退していると述べるのに対し、片田らは表面的に見えるレベルでの語りが減少していても、「文化」の一部となり、防災行動がとられている可能性があるとしているのだ[12]。

　以上の検討が示すのは、災害を記憶すること、あるいは別の言い方をすれば災害文化をもつということについて、意識、行動、モノ（上述の津波碑など）の三者がどのような関係にあるのかを問う必要性である。実は、すでに1980年代に社会心理学者の林春男と上述の田中とが、これにつながるような研究を行っている。彼らは災害文化を理論化するにあたり、それを複数のレベルに分

けているのだが、それがちょうどこの三者に対応しているのだ[13]。それは、① 災害観も含めた、防災にかかわる価値、規範、知識、② 災害時の行動パターン、③ ハードな形をとった防災対策全体である。しかし残念ながら、他の研究者による調査においては、これら三つのレベルは均等に扱われることがなく、多くの場合は個人がもつ価値や信念の調査が中心であり続け、行動についてはあまり省みられてこなかった。例えば、廣井 脩（ひろい おさむ）は共有された価値としての災害観（災害イメージ）を重視し、日本人の災害観として天譴論（てんけん）・運命論・精神論の三つを挙げる[14]。おそらくこの傾向は調査が平常時に行われていたことが原因の一つであると考えられる。いくら備えを充実させていても、それが実際の緊急時にどのような行動が生じるかはわからないのである。

　では、今回の震災において、この三つはどのように関わり合っていたのか、具体例から見ていこう。

2. 現地で出会ったこと―災害文化の"解剖"―

海を見に行く

　最初に取り上げるのは、地震直後の行動についての聞き取りである[15]。筆者らは震災のちょうど2年後に、この地区を構成するある集落において、すべての世帯に対して震災時の行動と、それ以前の生活についての聞き取り調査を行った。この集落は地区のなかでも中心地から地理的に離れたところに位置しており、世帯数は約30で、ほぼすべてが漁業に従事していた。集落の景観はこの地域に典型的で、海まで迫る山の間を小川が海に流れこんで小さな湾を作っており、そこが漁港となっている。そして、その小川の両岸の狭い平地、およびその周囲の丘陵地に家々が建っている。この集落では震災によって住宅4棟が流失、4棟が被害を受けたが、特徴的だったのは、震災直後から40日間にわたって全員が集落の高台（もっとも海から遠い場所）にある公民館で共同生活を送り、瓦礫の片付けや食事などを共同で行ったということである。

　さて、この集落での聞き取りはそれぞれのお宅に訪問して行ったため、家主夫婦で対応してくれることが多かったのだが、そこでよく聞かれたのが、地震で揺れた直後に「海を見に行った」、ないし「その場にとどまって海を見てい

た」という回答であり、「一目散に逃げた」という回答は少数だった。聞くと、もちろん津波が来ることは頭にあったという。

こうした行動は、「津波てんでんこ」という言葉について事前の知識のあった筆者らにとっては驚きであった。実際には人々は「津波てんでんこ」を実践していない。しかも上述の通り、この地区は「津波てんでんこ」を普及させた山下文男の出身地なのである。これはどうしたことなのだろうか。このことを理解するために、彼らの「海を見る」という行為が何に発していたのかから考えていきたい。

先に述べた通り、この集落ではほとんどの世帯が漁業に関わっている。海は人間がコントロールできるものではなく、漁業者の生活は海によって大きく影響される。そして海の状況は日々刻々と変わる。だから彼らは日々天気予報に気を付け、季節的な作業工程を考える。とりわけこの集落は養殖漁業が重要な位置を占めているので、単に気候に合わせてその日の漁法を変えればよいということではなく、いつ頃までに何をしなければいけないかが決まっており、それを逃すことは許されないのである。そのうえで、彼らが朝まずすることは「海面(うみづら)」を見ることである。天候、気温、海の色、風の具合など、様々なこれまでの経験をもとに得た環境からの兆候をもとに、その日の計画を調整する。いってみれば、彼らは次に何をするか、何をすればよいかを、海（彼らは「海」というが、実際にはもっとひろい景観全体を指すと考えた方がいいだろう）を見ながら考えるのである。

彼らが「すぐに逃げず、海を見に行った」という言葉は、この文脈で捉える必要がある。この行動は津波を知らなかった、あるいは知っていたが好奇心で、というものではない。彼らが日常のなかで育んできた、何をすればよいかの手がかりを得るための方法だったのである。この気づきは筆者らに、文化というものの複雑さを理解させることになった。つまり、「津波てんでんこ」はあくまで非日常時の対処としていわれるけれども、人々の実践は、日常的な暮らしのなかで形作られているのである。

さらに話を聞くと、50年前のチリ地震津波も影響していたことがわかった。上記の通りチリ地震津波は昭和35年（1960）に発生したもので、現在この集落の主力である60歳前後の人々にとっては小学生の頃の出来事である。大船

渡市では 53 人が亡くなったが、この集落では大きな被害がなかった。しかもそれだけでなく、震源が遠かったため、波がきわめて長周期となり、一度やってきて引くまでに 1 時間以上かかるという、大変のんびりしたものだったことである。そのため、子供だけでなく、昭和の津波を知る大人たちですら、波が引いたところで海底の魚や貝を取ったりした。このことが、津波の恐ろしさを聞いてはいても、つい津波はすぐ対応しなくてもよい、のんびりしたものというイメージを抱いてしまうことにつながったと考えられる。

　加えて忘れてはならないのが、「堤防があったから安心していた」という声である。チリ地震津波に前後して、政府は太平洋沿岸において防潮堤を中心としたハードな防災施設の整備を進め、それまで砂浜だったところに数メートルのコンクリートの防潮堤が作られていった。昭和三陸津波の頃にはなかった防潮堤は、さらに人々の津波の危険意識を弱めてしまったのである。

　ここからいえるのは、行動が過去の経験や記憶によって導かれるとしても、複数の経験や記憶の間でジレンマを生じる可能性がある、ということである。「津波てんでんこ」は聞いていても、人々の行動は日常的な慣習によって方向づけられもする。また、津波の頻度は低いため、津波のイメージは以前に経験したものによって大きく影響を受ける。それに加えて人々を油断させる防潮堤の存在もあった。そのため、今回は地震発生から津波襲来まで 30 分ほど時間があったために、「運よく」被害を免れただけの人も少なくなかったのである。

　以上をきわめて単純化すれば、昭和三陸津波までに形成された「津波てんでんこ」に代表される記憶が、チリ地震の記憶やそれ以降の景観の変化によって弱められた、というようにまとめることもできるかもしれない。しかし、次に見るように、モノのレベルに注目すれば、また別の側面も見えてくるのである。

"フッコウチ"

　チリ地震以前のことは記憶されていなかったのか、という問いへの答えは、筆者の調査で見る限り、ある意味では Yes、ある意味では No である。例えばこの地区での聞き取りにおいて、次のような言葉が聞かれた。

　「昔からフッコウチと呼ばれていた場所があったけど、今回の津波でその意味が初めてわかった」。

この言葉の通り、この地区の中心部には「フッコウチ」と呼びならわされていた場所がある。これは港付近までせり出した山の裾野を切り開いて造成した小高い（標高は10m程度）場所にあり、家々が密集している場所である。そしてこの場所は今回の津波でもほとんど水が来ず、被害を受けなかった。崖下の低地の建物が壊滅的な被害を受けたこととは明確なコントラストをなしている。そして実は、これが、景観のなかに残された、昭和三陸津波の痕跡だったのである（図2）。

　昭和三陸津波の被害などに関しては上述の通りであるが、波の遡上高は最大で28.7m（実はこの地区で記録されている）、岩手県内の倒壊・流失家屋4300戸、溺死者は2600人であった。これに対して、当時指導的な立場にあった地震学者の今村有恒教授が高所移転の重要性を指摘し、岩手県では国が用意した低金利の貸付金を用いて、沿岸集落で高所移転を実施することとした。そこでは、昭和・明治の津波の浸水線を標準とし、それより高いところへと、県内20町村の45部落、約2200戸が高台移転を実施した。この地区でも、地区の名士が中心となって「復興会」が組織され、そこが貸付金の受け手となって高台移転が行われた。運よく海に程近いところまで山がせり出していたため移転先は今までと比べてもそれほど海から遠くならずに済んだが、工事自体は発破を使って岩盤を破壊し、山裾を10〜20mも切り崩す大工事であったという。この作業には外から来た労働者だけでなく、地域の大人も子供も手伝い、その結果、

図2　山裾に今も残る復興地
（平成24年（2012）5月撮影）

7000坪、146戸という規模の大きな移転地ができた。その過程で県道も低地の川沿いではなくこちらを通るように付け替えられ、この移転地は地区のなかでもっとも人家が密集する場所となった。そして人々はこれを「復興地」と呼んだのである。

このことは明治三陸津波後の移転と比べると大きな変化である。明治三陸津波の際にも各地で高台移転の動きはあったが、あくまでも部落や個人レベルの自主的な移転で、用地の確保に苦労したり、数戸が移動したが他がついてこなかったり、など結局ほとんどの部落で失敗に終わっていたからである[16]。

とはいえ、復興地がすべてを変えたわけではないこともまた事実である。復興地の各戸に割り当てられた土地は50坪で、おおむね従前の宅地よりも狭くなった。各戸はこの土地を定められた価格で購入して、そのうえで家を自費で建てる必要があった。そのため、土地が整備されてもすぐに皆が復興地に上がったわけではなく、経済的事情が整うまで数十年、低地のバラックに住み続けたという人もいたということが、筆者らの聞き取りで明らかになった。また、現代の高所移転のように、低地の宅地を行政などが購入したわけではなかった。人々は低地の土地も所有し続けており、子供が結婚したりして家が狭くなってくると、低地に家を建てるということも起きていった。加えて、定置網などで働こうという労働者や、戦後の引上げ兵などのニューカマーは、やはり空いている低地に家を建てるしかなかった。このように、復興地を作ったからといって、低地に住まないようにするルールはできなかったし、また実際の状況からいってもそれは困難で、結局、各世帯の自由に任されたのである。

こうして実状は、集落ごと高台移転したということではなく、復興地と低地の双方で同時進行でまちが再建されていったのである。そして、前節でもふれた1960年代以降の漁港・防潮堤を中心とした海岸施設の整備と、その後のバイパスの整備（これによって再び低地を通る道が県道となった）を中心とした近隣地区への道路整備によって、再び復興地から低地へと地区の"重心"は移動していき、今回の震災・津波を迎えたのであった。

このように、昭和8年（1933）の津波の経験としての「フッコウチ」は、その由来は忘れられていたが、モノとしてそこに残り、そこにあった命と財産を救った。その意味で、インフラ整備によって記憶をモノとして残すことが重要

であることはまちがいない。ただ同時に、モノとして残すことの功罪もある。復興地には入れなかった人々が低地に家を作り、結果的に再び低地が地区の中心になっていったように、また防潮堤の存在が人々を油断させたように、インフラ化された記憶は、時間がたつなかで、町の変化や、地域の様々な社会関係・しがらみと結びついたり、意図していたのとは別の行動を導いたりしてしまうこともあるのだ。だとすれば、次に考えるべきは、いかなるモノを作り、どのように残していくのか、ということであろう。最後の事例を見てみよう。

石碑はいらない

今回の東日本大震災の記憶については、陸前高田の"奇跡の一本松"や南三陸町の防災対策庁舎、石巻市の大川小学校など、被害を表すような遺構を保存するかどうかについて賛否入り乱れて大きな話題になっている。それ以外にも、新たな記念碑の設置や語り部、博物館建設などについて、それぞれの自治体や地域のレベルで様々な試みがなされている。

ここで示すのは、これまで述べてきた地区の事例である。この地区において防災まちづくり計画作成を支援してきた筆者らは、とくに親しくしてきたある集落で、計画のめどが立ってきた平成 24 年（2012）秋頃、今回の津波の浸水域を何かでマークしてはどうか、という提案をした。浜に近い場所に倉庫や作業小屋などが建ち始め、集落の景観が平常のものに近付いていくと、津波の跡がわからなくなってしまうので、やるなら今のうちに、というのが我々の考えだった。この提案に対して、この集落の世帯主たちからなる部落会（この地方では集落のことを部落と言い習わしている）のメンバーが賛成したので、筆者らのチームはどこに立てるかの測量を始め、部落会メンバーらと一緒に浸水線上に 10 か所を決めた。

そのうえで筆者らのチームは、桜ないし椿の木を植えてはどうか、と提案した。すでに桜で浸水線を印づけるプロジェクトが陸前高田など他の町で行われていたことを知っていたし、椿は大船渡市のシンボルだったからだ。しかし住民たちはそれをやんわり拒絶した。桜も椿も、開花の時期しか目立たないだろうし、何よりもすでに集落のなかに植わっていたから、時間が経つと印の木が混じってわからなくなってしまうだろうということ、さらに落ち葉等の清掃

が面倒だ、というのがその理由だった。

　これに対し、筆者らは外部の組織などに援助を求めて石碑を作るという可能性に言及したが、代わりに彼らが提案したのは木の杭を使うことであった。木は彼らの持っている山にいくらでもあるので安くすみ、杭であれば目につくからいい、そしてまだ立派な石碑を立てるような段階でもない、ということだった。しかし木ではいずれ朽ちてダメになってしまうのでは、という危惧に対しては、むしろ朽ちたとき（彼らは10年後ぐらいではないかと推測していた）には次の世代の人々がそれをまた作り直し、それによって津波のことをまた思い出してもらえるのでよい、ということであった。筆者らはこれを受け入れ、何の木を使うかも彼らの方が詳しいだろうと、彼らに任せた。

　平成25年（2013）3月初め、筆者らはこの地区で予定していた調査を行う際に、この木杭の作業を手伝うことにした。そのときまでに部落会メンバーは木を伐り、10本の杭を用意していた。筆者らは到着すると、学生に作らせていた複数の木杭デザイン案を部落会メンバーに示した。それは木杭に文字やICタグで情報を盛り込んで、観光客など外から来る人々に役立つようにしたり、あるいは木杭を集落の行事等でも活用してもらったりするためのアイデアを含んでいた。それに対して地元メンバーは申し訳なさそうに拒否し、単純に、表面に「東日本大震災津波到達地点」、裏面に「平成二十三年三月十一日」とだけ書いてほしいといった。我々はそれに従った（図3）。

図3　木碑の制作を手伝う学生たち

（平成25年（2013）3月撮影）

そして3月10日、晴れているが風が強く寒い午後、部落長のKさんら数人は、ペンキが乾いた1本を取り、軽トラに乗せてある家まで運んだ。それは「この集落ではもっとも古く、160年前に建てられた」「明治の津波ではこの家まで波が来た」とされる家であり、Kさんの2代前に部落長を務め、集落のなかではいまや古老のように遇されるSさんの住まいであった。Kさんらはトラックを止めると、家主の了解も取らぬまま庭に入り、地面を掘り、それを据えた。それはわずか数分間の、ほとんどお互いに言葉を発さないままの、流れるような分担作業であった。こうして最初の木杭は式典も何もなく、いってみれば無造作に、「三月十一日」の前日に立てられたのである。

　この木碑の事例をそのままの形で被災地の各集落に敷衍することはできないだろう。しかし、この事例を試行錯誤の一例と捉えた場合、それが指し示すいくつかの点については、この事例（ないしこの集落）にのみ当てはまることとしてではなく、より広い範囲に通じることとして議論することができると考える。

　一つは、彼らが材料として木を選んだ点である。これは昭和三陸津波の石碑と異なる点であるが、彼らが語る理由については上記の通り、石碑は値が張るが、木なら自分たちのところにあること、そして何より木だからいつかは腐るために、地域の人で新しく作り直す機会が生まれることである。これらは、それまで記憶論でいわれてきた、個々の生命を超えて記憶を継承するために、モノの永続性を利用する、という議論とは正反対である。目指されているのは、自分たち自身で管理可能なモノを使い、また実際にそれを作り直すという行為を通じて、記憶の風化を防ぎ、記憶をフレッシュなものにしておくことである。ここでのモノはいわば、モニュメントではなくリマインダーとして機能している。

　もう一つは、文字の少なさから見える、この木碑が誰にでもわかるものにする必要はない、という考え方である。つまりこの木碑は、よそから来る人々ではなく、自分たちのためのものなのであるが、そこでいう「自分たち」はいま現在の地域住民だけではなく、ここで暮らすだろう子孫たちも含まれる。津波の経験そのものは当事者たちの間で語り継いでいく。しかし、ここで景観のなかに記憶の手がかりを埋め込むことで、人びとの語りを誘発し、さらに実際の避難においても役立つものとなっていくのである。

ここからは、当事者たちがどのぐらい意図的なのかはわからないが、筆者が弁別した三つのレベル、つまり意識、行動、モノの間に結びつきを生み出そうとする動きを見て取れる。もちろんこれですべての問題が解決できるわけではなく、いま建設中の10ｍを超す防潮堤ができても彼らが望んだような造り直しが本当にできるのか、など現時点において不確定な部分はいくつも残っている。しかし同時にそれは、未来の世代が主体的に関わるための「余地」でもあるのだ。その意味でこの木碑は、記憶や危機感を維持していこうとする、ローカルな知恵の一つの現れだと筆者は考える。

おわりに―津波被災地の破壊と再生―

　以上、本章では、筆者がフィールドワークにおいて出会った事例に基づいて災害の記憶について議論してきた。本章ではこれを「災害文化」という枠組みに位置づけ、意識、行動、モノという三つの次元を設定して、それらが具体的な現場においてどのように関わり合っているのかを見てきた。

　繰り返しになるが、三陸沿岸は東日本大震災を含め何度も津波の被害に遭っており、その「破壊と再生」のプロセスにおいて、様々な経験をその後の防災に活かす、ということをずっと行ってきている。とはいえ、自然災害を完全に防ぐことは困難である。その意味で、彼らの「文化」はつねに改善の余地があり、固定したものというよりは時代や状況の変化とともにつねに変化している。新しい試行錯誤が成功する部分もあれば、そうでない部分もある。それなりにうまくいった新しい試みは、時間をかけて「文化」の一部と見なされるようになっていく。過去の複数の津波の経験は、部分的に忘れられ、部分的に維持されながら、景観のなかで重なり合っている。その意味で、地域のなかで文化とはまだらに残る記憶であり、人々が均質的に保持しているわけでもないし、人々が反復的に同じ行動パターンをとるわけでもないのである。

　本章の事例で見たように、人間の意識は、過去の経験に基づくイメージによって影響を受けやすいが、それは１回ごとに大きく様相を異にする自然災害の被害を防ぐうえでは深刻な弱点となりうる。そのため、それぞれの社会は様々なモノを利用してきた。ただし、これもまた事例で見たように、モノは、

時間がたつなかで社会になじんでいき、それによって忘却につながることもあれば、逆に役に立つこともある。その意味で必要になるのは、人の記憶の限界と可能性、モノの限界と可能性を見極めながら、災害の記憶を維持していくことである。両者の反復的な関わりを作りだしていくためには、本章で最後に取り上げた木碑のような、ローカルに生み出されつつある、古くて新たな工夫はきわめて示唆的だといえよう。

今後、津波被災地はどのような再生を遂げるのだろうか。被災地の人口減少や高齢化が明らかになっているなかで、様々な批判の声を受けながらも、被災地の沿岸を巨大な防潮堤が覆いつつある。それに比べ、この木碑はきわめて些細な存在である。しかし、むしろこの木碑の方が、よほど我々の暮らしの身の丈に合っているのではないだろうか。この木碑がどうなっていくか、本当に作り直されていくかは、この地域がこれからどのように再生を遂げていくかということと強く結びついている。それを明らかにするためには今後の継続的な調査が必要になるだろう。しかしいずれにしても、様々な地域で行われているこうした試行錯誤に目を向け、そこから学ぼうとすることが我々にとって大きな意味をもつことはいうまでもない。

註
1) 死者数等は諸説あるが、本章では三陸町史編集委員会編『三陸町史　第4巻　津波編』（三陸町史刊行委員会、1989年）に従った。
2) 山下文男『哀史三陸大津波—歴史の教訓に学ぶ—』（河出書房新社、2011年）。
3) これは共同研究者である饗庭伸・首都大学東京准教授の指摘による。
4) 例えば矢守克也『防災人間科学』（東京大学出版会、2009年）。
5) 田中重好「大都市災害の無力感にどう対処するのか—後衛の災害研究—」（『自然災害科学』18巻1号、1999年）pp.3-8。
6) 首藤伸夫「記憶の持続性—災害文化の継承に関連して—」（『津波工学研究報告』25号、2008年）pp.175-184。
7) 災害文化は1980年代に災害をテーマとする社会科学者の間で盛んに議論されたが、その後いったん議論は下火になる。しかし、阪神・淡路大震災後の平成10年（1998）、第5次全国総合開発計画において災害文化が初めて行政文書の中に登場した。そこでは「環境を持続的に維持しながら、自然を有効に活用する生活の知恵や、平常時は表に出ないが、災害時に避難行動や相互扶助等の形で現れる（中略）地域の潜在的文化」というように説明されている。これがきっかけとなったのか、災害文化研究は2000年代中頃から防災研究、地理学、歴史学などで再び活性化し、複数の雑誌で特集が組まれた。

8) 田中重好『共同性の地域社会学―祭り・雪処理・交通・災害―』(ハーベスト社、2007年)。
9) 同上、p.413。
10) これは筆者がトルコで出会った「運命論 (kadercilik)」に似ている。運命論はイスラームに由来する言葉であり、トルコ人が防災に対して熱心でないことを述べるのに使われる言葉である。とはいえ、「運命論者だから対応をしない」というのはやはり、説明ではなく現状追認である。筆者の観察によれば、個人的なレベルでの「運命論」は多くの場合、宗教ということから想定されるような、これから起きる災害で被害を受けるかどうかは神の思し召しによるので対応をとらないという姿勢なのではない。災害に関する大量の情報を得てはいるが、被害を防ぐために自分でできることが少ないため、主体的な対応を諦め、なすがままにする、という状態のことなのである。
11) 島晃一・片田敏孝「被災経験や教訓の伝承による災害文化の形成―風化と忘却の相違に着目して―」(『日本災害情報学会第12回研究発表大会予稿集』、2010年) pp.313-318。島晃一・片田敏孝・木村さやか「被災経験の風化と災害文化の定着過程に関する一考察」(『土木計画学研究講演論文集』41号、2010年)。(CD-ROM)
12) しかし、この議論には疑問も残る。まず、「徳によって」の部分の意味が考慮されていないこと。そして、なぜ一般的に流布した意味での風化――「地殻の表層にある岩石が太陽光や風雨にさらされることによって破壊され、物理的、化学的に変質する作用」という物理現象 (weathering) に基づく比喩的な用法――ではなく、教化の方を採用するのかの理由が示されていないこと。さらに、風化を懸念する人びとが何を問題視しているのかを捉えそこなっていること、が挙げられる。
13) 田中重好・林春男「災害文化論序説」(『社会科学討究』35号、1989年) pp.145-171。
14) 廣井脩『災害と日本人―巨大地震の社会心理―』(時事通信社、1995年)。Cf. 祖父江孝男「災害への反応にあらわれた日本人の国民性」(『文化とパーソナリティ』、弘文堂、1976年) pp.176-191。
15) 本調査は、富士常葉大学 (当時) の池田浩敬研究室、首都大学東京の饗庭伸研究室と合同で行った。
16) 山口弥一郎『津浪と村』(石井正己・川島秀一編、三弥井書店、2011年)。

Destruction and Reconstruction

第Ⅱ部

戦争の暴力と戦後社会の再生

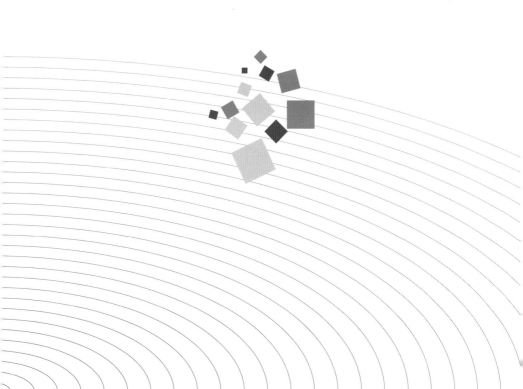

6 英霊礼讃
戦死の神話化と戦争の享楽

村上宏昭

はじめに

　破壊の経験は語り継がれなければならない。そうでなければ犠牲となった文化や個人の痕跡は、仮借ない時の流れによってすぐに風化にさらされ、「忘却の穴」[1]（ハンナ・アーレント）へと追いやられ、あたかも当の文化や個人がかつて存在すらしなかったかのように、その記憶が生者の世界から抹殺されてしまうだろう。だからこそ人は古今東西を問わず、この此岸で破壊の記憶を生かし続けておくために、ある時は神話の形で、またある時は歌にのせながら、その経験を語り伝えるという営みを絶やすことなく繰り返してきた。

　だがもちろん、その破壊の犠牲者のうち誰を・いかに語るのか、あるいは何が記憶に値し、何が忘却されるべきか、というのは時代や地域によって千差万別であり、またその違いに応じてその後の再生のあり方も大きく左右される。荒廃から再び立ち直ろうとするとき、破壊の経験を語るための固有の文法の違いによって、当然ながらその災厄の記憶のあり方も大幅に変わらざるをえないし、再生・復興の試みが思い描く未来のヴィジョンもまた、そうした過去の記憶の形象に大きく規定されざるをえないからである。

　ところでヨーロッパの歴史上では、この破壊の記憶を規制する文法が20世紀前半を境にして一つの深い断絶を示している。その変容の主要な契機となったのはいうまでもなく第一次世界大戦（1914〜1918年）だが、周知のようにヨーロッパ人にとってこの戦争は、それ以前の戦争と比べてあらゆる意味で

未曾有の経験であったといってよい。まず機関銃・戦車・戦闘機など、テクノロジーの粋を結集した大量殺戮兵器の登場によって、人間に代わって機械が戦闘の主体となったこと（機械戦）。次に戦争遂行のために膨大な物的・人的資源を必要としたことから、文字どおり前線・銃後を問わず国を挙げての戦争協力体制が確立されたこと（総力戦）。またその一環で、この大戦では17歳以上の男性人口が徴兵制を通じて軍務への動員を強いられたことから[2]、職業軍人ではなく「普通の人びと」が名実ともに主役の座に就いた最初の戦争でもあった。

それだけに、この大戦がもたらした人的損害の規模も従来の戦争とはおよそ次元が異なる。たとえばスペイン継承戦争（1701〜1713）、フランス革命・ナポレオン戦争（1792〜1815）、普仏戦争（1870〜1871）という、過去2世紀の代表的な三つの戦争における死者の数が合わせて約590万人であるのに対し、第一次世界次大戦の犠牲者だけでおよそ2600万人にも上る[3]。つまりこの大戦の4年間で、それ以前の三つの大戦争における合計死者数を4倍以上も上回る犠牲者が生み出されたわけである。

こうした空前の規模での破壊の経験、それも職業軍人だけでなく一般市民をも巻き込んだ戦争の新たな形態から、その犠牲の意味づけや記憶の文法も、この大戦を境に大きな変容を余儀なくされることになる。すなわち、「祖国のための死」の栄誉がもはや少数の英雄戦士の特権ではなくなり、もっと身近で凡庸な多数の人間にも開放されていったのである。ここではそうした20世紀以降の社会に特有の破壊（戦死）の記憶の文法から、まずは近代ナショナリズムに特徴的なロジックを読み解き、次いでその中心人物が英雄から凡人へと移行していく具体的な歴史的経緯も、併せて詳らかにしていきたい。

戦場において死ぬことが得がたい「誉れ」として知覚されるまでには、まずは19世紀全般にわたる長期の発展プロセスが必要であった。そしてそれはたしかに、20世紀に第一次世界大戦を経験する以前には、ごく一部の英雄戦士が独占する「非民主的」な特権であったといえる。だがじつのところ、戦死の栄誉が超人的な英雄の独占から解放され、ほぼ国民全体へとその門戸を開くまでにいたったのは、単にこの大戦で戦死者の数が膨れ上がったという数量上の理由だけに拠るのではない。むしろそこにはもう一つ、19世紀以来育まれて

きた国民共同体の伝統、ナショナルな想像の共同体を体現してきた伝統的なシンボルを一度粉々に粉砕するという、根底的な心性の変化を経る必要もあったのである。

1. 戦死の神話化

兵士の英雄性

ところで「祖国のために死ぬこと」、つまり自分が属する共同体のために命を投げ出すことを称揚する心性は、何も近代ナショナリズムの専売特許ではない。それどころか「甘美にして名誉なるかな、祖国のために死すことは」(Dulce et decorum est pro patria mori) という古代ローマの詩人ホラティウスの格言は、中世にその意味を大きく変えつつも、なおヨーロッパの歴史を通じて語り伝えられてきたものであった[4]。それが近代的なナショナリズムと結びついて、命を捧げるべき「祖国」なるものが世俗の国民国家の枠組みに収斂され、しかもその自己犠牲の舞台が戦場にほぼ限定されるようになったのは、18世紀末のフランス革命戦争以降のことである。

それ以前の戦争といえば、まずは「王家の戦争」であり、戦いの担い手はもっぱら社会の周縁から寄せ集められた傭兵・罪人・浮浪者などであった。それだけに当時は兵士に対する差別意識も強く、公共広場の入口には「犬と娼婦と兵士は立ち入り禁止」などと書かれていたようだが、フランスでは革命に続くヨーロッパ君主制国家との戦争で市民を主体とする義勇兵が戦いの主役となったことで、兵士の地位も急速に向上していく[5]。たしかにフランス革命戦争のこうした革新性はあくまで理念的なものにすぎず、実際にはその後も兵士に対する差別意識は根強く残っていた。たとえばナポレオン軍に大敗した直後の1807年にプロイセンで徴兵制の導入が検討された際には、「全国民の野蛮化と堕落を生み出し、皆が粗野になり、すべての文化や教養身分を否定することに帰結するだけだ」として頑なに抵抗する人間も少なからず存在していたのである[6]。

とはいえフランス革命戦争における義勇兵の登場は、やはり一つの大きな画期をなす出来事だったといえる。革命の祭典ではシンボルとしての革命戦士の

存在は不可欠のものとなり、パリの中央墓地には革命戦争で斃れた兵士の遺灰が、フランス史上の偉人たちの遺灰と並んで安置されるようになった。つまり共和国のために戦死した兵士はいわば「国民国家の殿堂」に列せられたのであり、のちに戦争の神話化の中核をなす「英霊崇拝」の原型がここに初めてその姿を現すことになったのである[7]。

　これ以降、「国のため」に戦う兵士の姿は──同時期に形を整えた近代的な「男性性＝男らしさ」のステレオタイプと融合しながら[8]──絵画のなかにも頻繁に描かれるようになる。ナポレオン一世の御用画家として知られるジャック＝ルイ・ダヴィッドの『テルモピュライのレオニダス』（1814年）などは、その最初期の先駆けであろう（図1）。たしかにこの絵は、無名の一般兵士ではなく名高い将軍ないし王が中心を占める構図になっており、その限りで戦士の英雄性に関する身分格差がはっきり反映されている。だがそれでも死の戦い（レオニダス王率いるスパルタ軍はこの後ペルシア軍と交戦し全滅している）を前にした兵士たちの姿に男性美の理想を重ね合わせるこの絵には、その後の英霊を顕彰する心性がすでに萌芽的な形で現れていると見てよい。実際、こうした兵

図1

ジャック＝ルイ・ダヴィッド『テルモピュライのレオニダス』（パリ・ルーヴル美術館蔵）。左奥の兵士が岩壁に彫りつけているのは、「旅人よ、行きてラケダイモン（スパルタ人）に告げよ。われら法の命ずるままにこの地に眠ると」という有名な墓碑銘である。

士の英雄性の表象が19世紀を通じてヨーロッパ社会で徐々に根づいていったからこそ、1914年に第一次世界大戦が勃発した際には、都市の群衆——少なくとも知識人層や中流階級の人びと——が街頭に繰り出して熱狂と興奮のなかで開戦を歓迎するという、あの異様な光景もヨーロッパ中で現出することになったのである[9]。

のちにアドルフ・ヒトラーも、『わが闘争』(1925/26年) のなかでこの開戦の時を振り返ってこう述べている。「わたしは当時の時期を、青年時代のいらだたしい気持からの救済であったように感じた。わたしは今日でもはばかることなくいえることであるが、嵐のような感激に圧倒され、崩折(くずお)れて、神がこの時代に生きることを許す幸福を与え給うたことにあふれんばかり心から感謝した」[10]と。じつはかくいうヒトラーも、かつてウィーンでの浪人時代 (1908〜1913年) に行方をくらまして兵役を拒否した経験を持つが、いずれにせよこのように「救済」ないし「解放」として戦争を捉える発想そのものは、それまでの100年の間に、戦場で戦う兵士の姿がいかに理想化され英雄視されてきたかを雄弁に物語っているといえよう。

戦死の民主化

ただし19世紀中には、ダヴィッドの絵に見られたような戦没兵士の身分格差が完全に解消されることはなかった。すでに革命戦争時代から一般の兵士も祭祀の対象にはなっていたものの、ごく少数の例外を除いて戦争記念碑や軍用墓地での階級差別はなおも根強く残存しており、その限りで国民という統一体には亀裂が残されたままであった。たしかにナポレオン一世が国民的な戦争記念碑として建築に乗り出したマドレーヌ教会 (コリント様式を模した建造物で、外観はさながらパンテオンである) には、その壁に戦没兵士全員の名が刻銘されるはずだったが、完成を見る前にナポレオン自身が失脚したため、1842年の竣工後はカトリック教会に譲渡されることになる。結局、その代わりとして凱旋門(がいせんもん)への刻銘が許されたのは、わずかに将軍たちの名前だけであった[11]。

こうした身分格差が最終的に消滅し、「戦死の民主化」が完全な形で実現したのは、やはり総力戦という形態をとった第一次世界大戦を経たあとのことである。特にこの大戦後に登場した無名戦士の墓は、総力戦の性格を典型的に

体現したものだといえる。この墓は、身元不明の戦死者の死体を戦場で一体だけ選んで本国に移送し、自国の全戦没兵士の代表として埋葬したもので、ロンドンのウェストミンスター寺院やパリのエトワール凱旋門などに設置されている[12]（図2）。また日本でも千鳥ヶ淵戦没者墓苑が、氏名不詳の戦死者の遺骨を安置している点でこの無名戦士の墓と同じ機能を担っているといってよい。

これらの墓では軍内部の階級や出身地や戦前の職業など、国籍と性別を除く死者の属性はまったく抹消されている。つまり無名戦士の墓とはその名のとおり死体の匿名性によって成り立つ埋葬方式であり、これによって将軍だろうと一兵卒だろうと、あるいは年齢や出自を問わず、自国民でありさえすれば「戦死の栄誉」に浴しうることを象徴的に保証する。軍人のみならず一般市民も戦場に駆り出される総力戦だからこそ、このように国家の手で栄誉と顕彰の平等性を可視的に保証する装置が求められたのである。そしてまさにこの匿名性が担保する平等性のゆえに、そこには階級や身分の差異を越えた「鬼気迫る国民的想像力」（ベネディクト・アンダーソン）が充満することになるわけだ[13]。

しかし一方でこの墓に埋葬される名もなき死体は、その存在からしてやや両義的である。それは何より、戦没者の身元を特定しようという国家の努力が挫折したことを否応なく暴露するからだ。そもそも死者崇拝（故人の遺体への敬意）が根づいた近代ヨーロッパ社会にあっては、このような死体の匿名性を感覚的に許さない傾向が強い。西洋ではこの死者崇拝の心性は一つひ

図2
パリ・エトワール凱旋門の下にある無名戦士の墓（1930年代発行の絵葉書・個人所蔵）。中央の銘板には「ここに、祖国のために死んだ一人のフランス人兵士が眠る。1914-1918年」と刻まれている。

とつの死体に墓を割り当てる個人墓という近代の埋葬習慣に由来するが、その心性に特徴的なのは、生前のアイデンティティとの結びつきこそが死者の尊厳を守る最大の砦になっている点である[14]。だが身元不明の死体はこうした尊厳を剥奪されている以上、近代的な心性にとってはその存在そのものが「冒瀆的」であらざるをえない。ましてや国家に命を捧げた死者となれば、深刻なスキャンダルにもなりかねないだろう。それだけに無名戦士の墓とは、この尊厳剥奪状態を糊塗するために国家がいわばみずからの挫折を逆手にとって演出した、苦しまぎれの追悼形態だったといえるかもしれない[15]。

実際、量的に見ればこの無名戦士の墓は戦争墓としてはむしろマイナーであり、逆に氏名・職務・生没年、またしばしば戦死した地名を記した銘板を持つ兵士墓地の方が主流である。そのうち第一次世界大戦後にドイツで最も有名になったのは、ドイツ人学徒兵を埋葬したランゲマルクの兵士墓地である。これは大戦初期のベルギー領イーペルでの戦闘で、「世界に冠たるドイツ」を唱和しながら玉砕したドイツ人学徒兵たちを記念して造営されたものだが、ちょうど上海事変の「肉弾三勇士」の伝説のように、この戦闘も大戦後のドイツで高度に神話化され、またヒトラーが『わが闘争』で繰り返し言及したこともあって、のちにヒトラー・ユーゲントの巡礼地にまでなった[16]。なお、この墓地は1932年に除幕式を迎えているが、その際は埋葬された1万143人のうち、身元が判明した6313人の名前がオークの木のプレートに刻まれていた[17]。

だがいうまでもなく、このように戦死者の氏名を刻銘した戦争墓のすべてがすべて、国民意識を高揚させようとするナショナリズムの戦略に拠っているわけではない。たとえば沖縄・摩文仁の平和祈念公園にある「平和の礎」(平成7年(1995)建立)は、日本の軍人・軍属のみならず、アメリカ兵や民間人も含め(つまり国籍や身分差を問わず)沖縄戦で亡くなったすべての死者の名を刻んだ慰霊碑であり、自国の戦没兵士のみを記念するほかの多くの戦争墓や慰霊碑とはかなり性格を異にしている。しかしだからといって、この碑のなかに「国家による分断や対立を越えて、ひとしなみにただの人間としての資格で異なる戦争犠牲者を追悼しようとする……戦後日本の平和主義的な追悼の優れた部分」[18]しか読み取ろうとしないのは、いささかナイーブにすぎる。それどころか、ここでいわれる「戦後日本の……優れた部分」なるものがじつは「本土の

優れた部分」を意味している以上[19]、戦争の記憶をめぐる沖縄の特異性を打ち消すものですらある。

　この平和の礎を基礎づけているのは決して安直なコスモポリタニズムのたぐいではなく、むしろ（法律用語を借りていえば）「属人主義」に対する「属地主義」とでもいうべきものである。つまり、死者の国籍（属人主義）の代わりに死没地（属地主義）を中核とする碑であって、これによって想起が期待されるのは何よりもまず「沖縄の悲劇」にほかならない。現にこの平和の礎にその名が刻まれた死者のうち、沖縄出身者に限り十五年戦争全体の戦没者までその対象が拡大されているし、刻銘者が年々増え続けるという事態を前に「沖縄戦の戦後処理がいまなお決済しきれていない」と漏らす声も聞こえるのは[20]、この碑があくまで沖縄中心主義のなかで思考されているからだろう。その限りで沖縄・摩文仁の平和の礎が体現しているのは、沖縄戦の記憶を梃子にして、本土（大和人）のナショナリズム――と、それが陰に陽に進める本土中心史観への画一化の動き――に抗おうとする「オキナワイズム」の抵抗戦略なのである。

無音の神聖性

　ところで祖国のために死んだ英霊が眠る兵士墓地や戦争記念碑には、広大な空間をあてがわれたり、都市の郊外に置かれたり、あるいは屋内に収められたりすることで、どことなく静寂が支配するという特徴を持つものが多い。これはむろん戦没兵士の追悼に擬似宗教的な神聖性を確保するための措置だが、じつはそうした神聖化の形式は第一次世界大戦を挟んで大きく変化している。

　戦争記念碑を通常の墓地から差異化するための空間利用はすでに19世紀から見られるが、特徴的なことにそこでは記念碑の周囲に式典やスポーツ行事、つまり祝祭のための空間を用意することに主眼が置かれていた。たとえばドイツでは、ライプツィヒ解放戦争100周年記念として1913年に諸国民戦争記念碑が竣工しているが（造営は1898年から）、この記念碑にもかなり広大な敷地があてがわれている（図3）。これも着工当初はそうした祝祭行事に利用するための敷地として想定されたもので[21]、実際にも祭典（直近では2013年の解放戦争200周年記念祭）の場として何度か利用されている。

　だが大戦後に造営された兵士墓地や戦争記念碑では、そうした祝祭のための

6 英霊礼讃　121

図3
ドイツ東部の都市ライプツィヒのシンボル・諸国民戦争記念碑（1914年7月18日付の絵葉書・個人所蔵）。高さ91mの巨塔の前に広大な敷地が広がる。

空間は忽然と消えてしまう。戦死をめぐる人びとの感性がまるで変わってしまったかのように、突如として祝祭で生じる騒音と戦争記念碑の崇高さとが調和を失ったのである。それに代わって求められたのは騒音を搔き消した静けさであり、それゆえその空間利用の第一の目的は何よりもまず日常のノイズ、特に都市の喧騒を排除することに置かれるようになっていく。たとえば東京の千鳥ヶ淵戦没者墓苑やベルリンの新衛兵所（第一次世界大戦のドイツ人戦没兵士を祀った無名戦士の墓）の場合、大都市の中心部に位置しながらも、前者は広大な敷地の奥まった場所に慰霊碑を建てることで、また後者は建物の壁で慰霊碑の周囲の空間を切り取ることで、騒々しい日常世界との断絶を演出している。

　こうした空間演出の直接的な由来はおそらく、19世紀に発案された田園墓地にある。パリのペール゠ラシェーズやボストンのマウント・オーバーンを筆頭としたこの墓地の形態は、死者の住み処を生者が思索と瞑想に耽る場と見なす発想から生まれたもので、それゆえ瞑想に適した環境を整えるべく、自然の静寂を求めて都市のざわめきから離れた郊外に置かれたものである[22]（図4）。死者の家の只中における沈黙の瞑想という、この比較的新しい風習が戦争記念碑や兵士墓地と融合することで、別の伝統的な神聖化様式であった祝祭を追放していったのだと思われる。こうして20世紀になると戦争記念碑からは喧しい祝祭の影が消え去り、代わって静かなる瞑想が戦死者に神聖性を付与する

図4
1831年に造営されたアメリカ最初の田園墓地マウント・オーバーン（Cornelia W. Walter, *Mount Auburn Illustrated. In Highly-finished Line Engraving, From Drawings Taken on the Spot by James Smillie*, Hard Press Publishing, 2012）。アメリカでは生者に先駆けてまず死者が閑静な郊外に進出した。

主要な行動様式となった。そしてそれに伴い、戦争の慰霊碑や墓地の周囲でお祭り騒ぎをすることは「死者への冒涜」としてタブー化されていったのである。

2. 戦争の享楽

戦争の凡庸化

ところが大戦をめぐる当時の心性には、以上に見てきたような記念碑や墓地の神聖化作用を相殺してしまうような志向もまた見て取れる。すなわち、戦死をはじめとする戦争体験を英雄兵士にのみ許された非日常的出来事として聖別するのではなく、逆に卑近な日常世界の出来事へと矮小化しようとする傾向、一言でいえば「戦争体験の品質低下」[23]（ジョージ・L・モッセ）を積極的に推し進めようとする志向性である。

こうした志向性を最も典型的に体現するのが戦時下における戦争玩具、戦争関連グッズへの巨大な需要である。たしかに第一次世界大戦中の銃後社会では、早くから贅沢は敵だといわんばかりの雰囲気が醸成されていたようで、玩

具などの娯楽品や奢侈品を扱う業界はちょっとしたアイデンティティ・クライシスに陥っていた。それはたとえば、大戦が勃発した直後の時期（1914年8月21日）に『ドイツおもちゃ新聞』という業界紙が、次のように戦時中は玩具への需要が見込めないことから広告欄――これは本来、新聞にとっての心臓部とでもいうべきものである――を削除する、という告知を掲載していることからもうかがえるだろう。

> 「この困難な時局にあたってドイツおもちゃ新聞では、すでに玩具メーカーにも損失が出てしまっていることから、このうえ今や成果を見込めない宣伝に費用を割いてもらってさらに負担をかけるようなことは、中止することにしました。そのため私どもは、戦時中はどの程度の間隔で本紙をお届けできるか今のところ不明ですが、通常であれば当該業者に充てられる広告欄は設けずに発行することになります。これは、まさしく玩具産業では関連書籍に対する需要が今日のような状況だとほとんど存在しえない、という考えから下した決定です」[24]。

とはいえこうした自主規制も長くは続かなかった。この告知から1ヶ月も経たないうちに、ドイツ軍圧勝のニュースで沸いたドイツ国内では戦争関連グッズへの需要が急増したことから、今度は一転して「玩具を使って子どもたちに最新の事件を覚えさせ、また国を思う心、まっすぐな心、愛国の精神を教え込む」ことに自分たちの使命がある、という自覚が玩具業界に芽生えたのである[25]。実際、すでに大戦初期の段階から銃後の家庭には砲弾型の文鎮、Uボート型のハーモニカ、戦争の英雄となったヒンデンブルク元帥のグッズ等々、まさしく「キッチュ」（粗悪なまがいもの）というべき戦争関連の商品で溢れかえり（**図5**）、「戦いで勝利を」の文字が刻まれたハーモニカなどは「理想のクリスマスプレゼント」として野戦郵便仕様の包装で販売されていたようだ[26]。こうして銃後の世界では戦争体験の神聖性はどこへやら、むしろ人びとは日常の風景に溶け込んだ玩具や文具や家具を通じて、戦争を身近で凡庸な次元にまで引き下ろしていたのである。

なおドイツではこのような戦争玩具のブームは1915年の後半まで続いたよ

図5
イギリスの風刺雑誌『パンチ』で描かれた「ヒンデンブルク狂」(*Mr. Punch's History of the Great War*, London, 1919, p. 119)。ドイツの英雄ヒンデンブルク元帥の肖像画、胸像、クッション、ランプ、ミルクポット、コップ、テーブルクロス、ペンダント、はては植木鉢まで……。

うだが、その間すでに銃後でもインフレと食糧価格の高騰が家計を直撃し、生活必需品の調達は困難になっていたはずである。現に早くも開戦から2ヶ月後の1914年10月には、「Kパン」(戦時パン Kriegsbrot の略) と呼ばれるジャガイモ粉を混入したパンが市場に出回るなど、銃後では食糧不足の兆候が現われ始めていた[27]。それにもかかわらず、戦争関連の娯楽品や奢侈品に対する購買意欲がなかなか減退しようとしなかったのは、やはり注目に値する現象だろう。人はパンのみにて生きるにあらず。この格言どおり戦時下に生きた銃後の人びとも、食糧不足が日に日に深刻化していく状況にあって、なお戦争を身近な日常世界に留め置こうとする消費行動を見せ続けたのである。

絵葉書の戦争

ところでこのような戦争玩具のブームは1915年の夏あたり、遅くとも1916年に入るころには終息していたらしい。大戦も中盤に差しかかろうとする時期にはもう戦争関連の新商品の売れ行きが滞っていたことから、玩具業界も「戦争もの」の商品生産から手を引いて「平和論的転回」[28]を見せるようになった

のである。しかしだからといって、すぐに銃後の生活から戦争関連のグッズが姿を消してしまったわけではおそらくない。じつは玩具以外の業界では、この時期以降もなお戦争関連の商品が停滞することなく生産され続けていたからである。その代表例が絵葉書である。

いうまでもなく絵葉書とは、当時にあっては最もポピュラーなコミュニケーションツールであり、大戦中は前線と銃後の間で膨大な数の絵葉書が往復していた。1914〜1918年の4年間で手紙も含む野戦郵便の総流通量は287億通、そのうち4分の1が絵葉書であった[29]。ちなみにこの絵葉書の歴史は比較的新しく、1870年にベルリンで発明されたといわれるが[30]、それからまたたく間にヨーロッパ全土を席巻し、すぐに主要な通信手段として市民権を獲得していった。たとえば（表1）で示されている葉書（b）の数字は、絵葉書だけでなく無地の葉書も含んだものだが、それでもその流通量が四半世紀の間に15倍以上も増加し、郵便物全体に占める割合も拡大の一途をたどっていることから、間接的ながら絵葉書の普及がどれほど急速に進んだかも推し量ることができる。

なお街頭に貼りだされるポスターと比べて、この絵葉書という商品に最も特徴的なのは、それが何より私的な領域で交わされるコミュニケーションの媒体であるということだ。それだけに、その絵柄には公的な場において支配する格式ばった規範や建前、作法よりも、むしろあえてそうした規範から逸脱することで笑いを誘うもの、つまり気の置けない間柄で交わされるような、肩肘を張

表1　19世紀後半のドイツにおける手紙・葉書の流通量（単位：百万通）

西暦(年)	手紙(a)	葉書(b)	合計	うち(b)の割合(%)
1875	498.2	61.9	560.1	11
1880	575.3	141.0	716.3	20
1885	736.0	230.5	966.5	24
1890	972.2	330.3	1302.5	25
1895	1226.0	443.8	1669.8	27
1900	1689.8	954.9	2644.7	36

(Herbert Leclerc, Ansichten über Ansichtskarten, in: *Archiv für deutsche Postgeschichte*, Heft 2/1986, S. 30 より筆者作成)

らないコミュニケーションに適したものも好まれやすい。もちろんそこには公式の英雄が反映されたものも多々あるが、逆にそうした英雄性とは無縁な、戦争や兵士を脱神聖化して面白おかしく描いたイラストも、やはり少なからず見出せるのである（図6）。

とはいえ19世紀以来、とりわけ眼前の大戦を通じて戦争や兵士の神話化がパブリックな領域で進展していたことから、片やこのような絵葉書による戦争のキッチュ化に眉をひそめる「良識的」な市民も存在していた。彼らの目には、この手のキッチュな絵葉書は一方では小市民の下品な感性が、また他方ではおのれの儲けのためにこの「悪趣味(ウンゲシュマック)」の流行りに乗ろうとする書店や商人たちの強欲、その「良心の呵責もなく自制の欠片もない営利への欲望」が生み出

図 6

左（年代不詳）は戦没兵士の墓の傍らに立つ皇帝ヴィルヘルム二世。「朕はこんなことを望んではいなかった」と憂愁に耽る英雄の佇まい。右（1917年11月）は負傷で帰郷した夫の格好に妻が仰天している場面を描いたもので、戦傷を負った兵士の姿が滑稽なものとして茶化されている（Deutsches Historisches Museum [DHM], *Der Erste Weltkrieg in deutschen Bildpostkarten*, Berlin, 2002, Nr. 8.1.19, 3.4.2）。

した、俗物根性の権化と映っていたらしい。いやそれどころか、これを放っておけば絵葉書を目にする人びとの美的感性のみならず「道徳的感性」まで堕落させかねない、文化的に危険きわまりないものですらあった。いわく、「〔こうした絵は〕私たちをして下劣になるよう仕向けるのである。……そしてこれによって、健全でないものや確たる根拠がないものに対して、私たちは抵抗力を失うことになるのだ」と[31]。

　これはいわば、戦争・兵士の「神聖化」と「脱神聖化」（凡庸化）という二つの相反する志向性が、絵葉書を舞台に衝突していたことを意味する。いいかえれば公的領域における戦争の神聖化を骨抜きにしようとする心性が、絵葉書を媒体とする私的なコミュニケーションの場で強く働いていたことから、そうした脱神聖化の契機を「悪趣味」であり「不健全」であり「道徳的に危険」であるとして抑圧しようとする反動も、まずは絵葉書のイラストにその攻撃の矛先を向けることになったのである。

　それでも絵葉書に対する需要は大戦を通じて消え去ることはなかったし、またそうした継続的な需要の存在にもかかわらず、大戦中に絵葉書が供給不足に陥ったというはっきりした証拠もない[32]。これは、とりわけドイツで戦時の飢餓が深刻化し、4年間で70万人以上もの死者が出たという事実を鑑みればいっそう興味深い[33]。当時の人びとはひどい飢えに苦しみながらも、なお生存にとっては二次的な絵葉書を生産・消費し続けていたことになるからだ。もちろん、相互の安否確認のために前線と銃後の間で頻繁なやり取りが必要だったというのは、たしかに大いにありうることである[34]。だがほかならぬ絵葉書という媒体が好んで用いられたのは、あるいは彼らが前線でも銃後でも、とにかく厳かで堅苦しい官製の戦争イメージに囚われない非公式の戦争、私的で個人的な「自分だけの戦争」を生き抜こうとしていたからなのかもしれない。

国民の英雄から無名の個人へ

　このようなことをいうのは根拠がないわけではない。これは第二次世界大戦の例だが、この戦争では第一次世界大戦後に作られた「塹壕共同体」（前線兵士の間で芽生えた、社会的出自や階級を越えた家族的な戦友意識）の神話が、軍隊のあるべき姿として積極的にプロパガンダに投入されていた。だが実際に前線で

戦う兵士のなかでこうしたイデオロギーを真に受けた者は、一般に言われるほど多くはなかっただろうと思われる。彼らが郷里の家族や恋人に宛てて書いた手紙には、理不尽な上官への不満や後方の輜重兵へのあからさまな軽蔑、粗野で猥談好きな同僚への嫌悪感、処世術だけで出世していく「無能」な輩への妬み等々、あまりに人間的な兵士の姿ばかりが饒舌に語られているからである[35]。

このように相互の嫉妬と不信と軽蔑、不平不満が渦巻きながら、それでも互いに依存せざるをえない戦場で兵士たちがとった対応は、公式の戦争プロパガンダに愚直に従おうとするのではなく、そのつどの状況で「折り合い」をつけながら強制された集団生活を無難にやりすごそうとする、アドホックな生存戦略であった[36]。こうした生活のなかにあっては、官製の神聖な戦争イメージなど、もはや空虚な響きしか持たない幻想以外のものではなかっただろう。

第一次世界大戦における塹壕生活も、多かれ少なかれこれと似たようなものであったと思われる。神話化された戦争イメージとはほど遠い塹壕の現実のなかで戦争を醒めた目で眺めていたのは、じつは農民や労働者階級の出身者だけではなかった[37]。公式の神話に感化されやすい（教養）市民層に出自を持つ兵士たちもまた、現実からあまりに乖離した規範や建前を絵葉書で笑い飛ばすことで、戦争に対するおのれの醒めたまなざしを表現しようとしていたのではないか。

実際、一方でこのときの大戦ではいわゆる「脱走兵」Drückeberger の問題が深刻化し、前線での軍規がほとんど崩壊寸前にまで追い込まれていた。特に 1918 年に春季攻勢が実施されて以降の西部戦線では、ドイツ兵の大量脱走がかなりの頻度で起こっていたようで、銃後の各軍管区からも次のように脱走兵に関する報告が相次いで出されていたのである。

「第五地方軍管区（ポーゼン）からは、3月末から認可なき休暇が急増しており、また前線から離脱させてもらおうと故意に罰則規定に触れる行動をとる者も増えていると伝えられてきた。第10地方軍管区（ハノーファー）は、ドイツに送還されてきた軽傷者のうち前線から密かに逃亡してきたドイツ兵が多くいたことを伝えてきた。負傷者送還のなかには、594名の被送還者のうち217名しか不調と診断されなかった例もある。脱走兵の多く

は行方をくらますために許可なく大都市に向かっている。……わずか数百人の兵力を西部に移送するだけでも困難が伴うものだった。暴動の危険があるために兵士たちを互いに遠く離れさせておく必要があったし、さらに彼らをそれぞれ個別に移送するために何度も作業を行う必要があったのだ」[38]。

このほかにも、5000人にのぼる兵士が西部戦線に送られることを拒否した事例もあれば、別のケースでは命令への不服従から将校と将兵の間で流血の諍いも起こっていた。このような軍規の崩壊危機という状況には、参謀本部次長だったルーデンドルフ大将もさすがに驚きを禁じえなかったようで、「脱走があまりに増えすぎたことで戦線が縮小しつつある」と強い危機感を覚えたほどである[39]。ほとんどカオスともいえるこうした前線の現実のなかにあって、脱走を試みず戦場に留まっていた「生真面目」な兵士たちも、何も戦争プロパガンダを心底信じていたわけではないはずだ。むしろそうした空々しい戦争神話に背を向けながら、居残った同僚や上官との共同生活をひたすらアドホックにやりすごす、という戦場での生存戦略に専心していたであろうことは想像に難くない。

この点で、大戦初期に人気を博した公式の英雄（皇帝や将軍）の肖像絵葉書が1917年以降にはその数を減らし、代わって個々の兵士の肖像写真に人気が集中したという現象は示唆的である（図7）。こうした個人を映した写真葉書はすでに大戦初期から見られたものの、特に戦争が中盤を過ぎたころから前線でも銃後でも急速に需要が高まり、そのビジネスチャンスに目をつけた職業写真家が危険を冒して戦場に出向いたばかりか、兵士自身

図7

兵士個人の肖像写真を貼りつけた葉書（1917年7月ごろ）ところどころ写真の縁がずれており、技術の未熟さが垣間見える（DHM, 2002, Nr. 9.2.18）。

もノウハウを得て戦場でみずから作成していたほどである[40]。

　これはいうなれば、(社会学の言葉を借りていえば) 当時の人びとにとって戦争の神聖性なるものが眉唾になったことから、絵葉書も公式の戦争イメージから解き放たれて「原子化(アトム)」していったことを意味する。つまり、かつては共同体の理想の象徴たる国民的英雄こそが絵葉書の主人公になりえたのに対し、いまやその共同体が粉々に分裂して無数の名もなき個人へと細分化したことで、絵葉書でもそうした無名の兵士たちが主役の座に就くことになった。こうして誰もが知る英雄の雄姿が絵葉書に描かれることはなくなり、代わって前線や銃後の人間が一人ひとりそれぞれの仕方で戦争を生きているという、私的で個人的(プライベート パーソナル)な視覚的メッセージが絵葉書のイラスト面を覆い尽くしていったのである。

おわりに

　ただし、こうした絵葉書における規範の侵犯や絵柄のアトム化などがそのまま戦争を継続させるのに大きく貢献していたことも見逃してはならない。たとえ塹壕戦や機械戦の現実に直面し、軍規がほとんど崩壊寸前に陥ったとしても、またそのためにどれほど公式のプロパガンダや戦争神話の虚構性が暴露されたとしても、前線の兵士がそれを笑いに転化してかりそめのカタルシスを得たり、あるいは個の次元に撤退してそうした虚構性に背を向けたりすることで、戦線の崩壊という最悪の事態はかえって回避されていたのである。

　第一次世界大戦、特に西部戦線において戦況が完全な膠着状態に陥りながら、まがりなりにも4年にもわたって戦争の継続が可能となったのは、決して国が煽り立てていたプロパガンダのためではないし、戦争や戦死を聖別するヨーロッパ社会の伝統的な心性のためでもない。むしろ戦場に身を置いていた個々の兵士による「あまりに人間的」な生存戦略、すなわち軍の秩序が動揺しているさなかにあってもなお、一方では同僚や上官と折り合いをつけながら強制された集団生活に適応しようとし、他方では「自分だけの戦争」に閉じこもることでこれまた既存の軍隊秩序を維持しようとする、こうした前線における個人レベルの生存戦略こそ最終的に戦争の継続を可能にしたものであった。

　また、それに加えて絵葉書のアトム化現象は、たとえそれが神話化された国

民共同体の戦争シンボルを粉砕するものであったとしても、結果的にはかえってそうした神話化作用を別の形で強化することにもなった。たとえば第一次世界大戦後に建立された戦争記念碑には、こうした個の次元への撤退（公式の英雄シンボルの放棄）がそのまま直(じか)に反映されていくことになる。その最たる例が、あの無名戦士の墓と、軍の階級や身分に関わりなく戦没兵士すべての名前を刻んだ兵士墓地だろう。

先にも述べたように、このうち前者はたしかに戦没者の身元特定に失敗した国家による苦肉の策という側面もあるが、この策がほかならぬ無名の兵士そのものを祀る方式として具体化されたのは、それに先立ってこうした方式に適合的な心性があらかじめ整えられていたからである。つまり、ドイツでいえば皇帝やヒンデンブルクに体現される国民のシンボルが塹壕の日常や銃後の飢餓のなかでその神通力を失ったからこそ、今度はそうした共同体的英雄とは無縁な、自分と同じ凡庸な人間たる「普通の兵士」の姿が、国民一人ひとりを代表＝表象しうるもう一つの戦争シンボルとして聖別されることになったのである。

それゆえ絵葉書のなかで国民共同体を瓦解させたアトム化現象そのものが、戦後になって再びナショナリズムのロジックに回収されたことになる。とはいえもちろん、こうした国民共同体のシンボルの再構築は単純に過去の回復を意味したわけではない。むしろこれ以降、国民のシンボルになりうる英雄の条件は、もはや由緒正しい出自を持つ社会的エリートに独占されるのではなく、鍛冶屋の息子にして左翼崩れの元小学校教師（ムッソリーニ）、あるいは地方税官吏の家に生まれた伍長上がりの政治家（ヒトラー）にも、その門戸が開放されることになるだろう。大戦における個の次元への撤退（アトム化）から帰結した「戦死の民主化」プロセスは、このように「英雄性の民主化」の契機をも伴っていたのであり、その限りでこの破壊の経験から紡ぎ出された新たな記憶の文法は、それを拠りどころにして再生を試みたヨーロッパを再び未曾有の災禍へと導くことになったといえる。

註
1)「忘却の穴」は「犠牲者の跡形もない消滅」が持つ真の恐ろしさを表現するために、ハンナ・アーレントが用いた比喩である。「跡形もない消滅」とは、ある個人や集団の物理

的破壊に加えて、その個人・集団に関する記憶の完全な抹消も意味している。アーレントにとって、まさにそうした記憶の抹消による「追憶されることへの権利」の剥奪、つまり「落ち込んだらかつてこの世に存在したことがなかったかのように消滅してしまう忘却の穴」に呑み込まれることこそ、破壊の経験における真の恐ろしさだという（ハンナ・アーレント（大久保和郎ほか訳）『全体主義の起原3　全体主義』、みすず書房、1981 年、pp.224、225。高橋哲哉『記憶のエチカ―戦争・哲学・アウシュヴィッツ―』、岩波書店、1995 年、pp.6-18）。

2) イギリス帝国は大戦初期には志願制を採用していたが、ヴェルダンやソンムの激戦（1916 年）を経て徴兵制へと移行した。その際に当時イギリスの自治領（ドミニオン）だったカナダで生じた論争については、津田博司「第一次・第二次世界大戦期のカナダにおける徴兵制論争―『移動』としての総力戦と文化的マイノリティ―」（『史林』97 巻 1 号、2014 年）pp.109-132。

3) 藤原辰史「戦争を生きる」（山室信一ほか編『現代の起点　第一次世界大戦 2　総力戦』、岩波書店、2014 年）p.718。なお、第二次世界大戦（1939〜1945）の合計死者数は 4976 万人で、第一次世界大戦からさらに倍増している。

4) 「祖国のために死ぬこと」の中世における意味内容の変遷については、エルンスト・カントロヴィッチ（甚野尚志訳）『祖国のために死ぬこと』（みすず書房、2006 年）。

5) ジョージ・L・モッセ（宮武実知子訳）『英霊―創られた世界大戦の記憶―』（柏書房、2002 年）pp.19-32。

6) トーマス・キューネ編（星乃治彦訳）『男の歴史―市民社会と〈男らしさ〉の神話―』（柏書房、1997 年）p.72。

7) 前掲 5) モッセ著、pp.23、24。

8) ジョージ・L・モッセ（細谷実ほか訳）『男のイメージ―男性性の創造と近代社会―』（作品社、2005 年）pp.27-61。

9) モードリス・エクスタインズ（金利光訳）『春の祭典―第一次世界大戦とモダン・エイジの誕生―』（TSB ブリタニカ、1990 年）pp.90-99。

10) アドルフ・ヒトラー（平野一郎ほか訳）『わが闘争（上）　I　民族主義的世界観』（角川文庫、1973 年）pp.234-235。

11) 前掲 5) モッセ著、p.43。

12) 前掲 5) モッセ著、pp.98-104。

13) ベネディクト・アンダーソン（白石さや・白石隆訳）『増補　想像の共同体―ナショナリズムの起源と流行―』（NTT 出版、1997 年）p.32。

14) 個人墓という形態はかつて古代にも見られたが、古代世界の終焉とともに廃れ、中世から近世にかけては多数の死体を 1 か所にまとめて、かつ積み重ねて埋葬する共同墓地が主流となった。だが 18 世紀末から 19 世紀初頭にかけて、ヨーロッパ社会で衛生観念が浸透していくのと平行して再び個人墓が復活し、またそれとともに死者崇拝の心性が芽生えることで、一つひとつの死体を個別に、かつ丁重に埋葬するという習慣も定着していった。こうしたヨーロッパにおける埋葬習慣や墓の形態の変遷については、フィリップ・アリエス（成瀬駒男訳）『死を前にした人間』（みすず書房、1990 年）、特に pp.423-497。なお、死者崇拝の心性がキリスト教の信仰や神学ではなく衛生観念の芽生えに由来する――つま

り死体への宗教的敬意ではなく生者への世俗的配慮に由来する——ことを指摘したものとしては、ミシェル・フーコー（小倉孝誠訳）「社会医学の誕生」（『ミシェル・フーコー思考集成Ⅵ　セクシュアリテ・真理』、筑摩書房、2000 年）pp.277-300、特に pp.290、291。

15) これは、松本彰『記念碑に刻まれたドイツ―戦争・革命・統一―』（東京大学出版会、2012 年）pp.98-100 でも指摘されている。

16) 前掲 10) ヒトラー著、pp.284、291 など。また、大戦後のランゲマルク神話については、Bernd Hüppauf, "Langemarck, Verdun and the Myth of a *New Man* in Germany after the First World War", *War and Society*, vol. 6, no. 2, 1988, pp.70-103, esp. pp.76-84.

17) 前掲 15) 松本著、p.110。

18) 赤澤史朗『靖国神社―せめぎあう〈戦没者追悼〉のゆくえ―』（岩波書店、2005 年）p.239。

19) 同上赤澤著によれば、戦後の日本（本土）における戦没者追悼には、英霊賛美の軍国主義的「殉国」（顕彰）のシンボルと、「国家や民族の枠を越えていく普遍人類的な」(p.7) 反軍国主義的「平和」（慰霊）のシンボルとがあり、この両者が 1950 年代に分岐して以来、戦争の記憶をめぐって激しくせめぎあってきたという。そして沖縄の平和の礎は、まさにこうして本土で火花を散らしてきた二つのシンボルのうち、後者の平和のシンボルを体現するものと位置づけられる。こうした議論はいうまでもなく、沖縄における戦没者の追悼を本土のロジックに回収しようとする「本土中心史観」にほかならない。

20) 鹿野政直『沖縄の戦後思想を考える』（岩波書店、2011 年）p.206。

21) ゲオルゲ・L・モッセ（佐藤卓己ほか訳）『大衆の国民化―ナチズムに至る政治シンボルと大衆文化―』（柏書房、1994 年）pp.76-78。

22) 前掲 14) アリエス著、pp.474-479。なお、パリのペール＝ラシェーズの場合、元々は郊外に位置していたが、19 世紀のパリ拡張によって市域内に包摂された。また、建設当初は自然に囲まれた霊園だったが、やがて石造建築物に覆われていき、田園墓地としての外観も失われることになった。

23) 前掲 5) モッセ著、p.133。

24) Zitiert nach: Heike Hoffmann, "Schwarzer Peter im Weltkrieg": Die deutsche Spielwarenindustrie 1914-1918, in: Gerhard Hirschfeld, et al. (Hg.), *Kriegserfahrungen. Studien zur Sozial- und Mentalitätsgeschichte des Ersten Weltkrieges*, Essen, 1997, S. 323-335, hier S. 325.

25) 同上 Hoffmann, 1997, S. 325.

26) 前掲 5) モッセ著、p.133。前掲 24) Hoffmann, 1997, S. 330f.

27) 藤原辰史『カブラの冬―第一次世界大戦期ドイツの飢饉と民衆―』（人文書院、2011 年）、pp.52-54。

28) 前掲 24) Hoffmann, 1997, S. 334.

29) Christine Brocks, *Die bunte Welt des Krieges. Bildpostkarten aus dem Ersten Weltkrieg 1914-1918*, Essen, 2008, S. 29.

30) 前掲 5) モッセ著、p.135。

31) 前掲 29) Brocks, 2008, S. 41.

32) 前掲 29) Brocks, 2008, S. 48.

33) 特に 1916/17 年の冬は、イギリスの海上封鎖に加えて凶作に見舞われたことから、食糧危機が極度に深刻化した。家畜の飼料として使われてきたスウェーデンカブ（ルタバガ）が主食として食卓に並んだことから、特にこの年の食糧危機を指して「カブラの冬」とも呼ばれる。このカブラの冬の凄惨な現実について日本語で読める文献としては、前掲 27）藤原著。

34) たとえば第二次世界大戦末期でも前線兵士が書いた手紙には、家族からの連絡が長期間途絶えたことから——故郷における空襲のニュースも重なって——極度の不安に苛まれる様子が克明に綴られている（小野寺拓也『野戦郵便から読み解く「ふつうのドイツ兵」——第二次世界大戦末期におけるイデオロギーと「主体性」——』、山川出版社、2012 年、pp.96、101）。

35) 第二次世界大戦時における前線のドイツ兵の手紙を詳細に分析したものとして、同上小野寺著。

36) また、徴兵制で強制的に召集された非職業軍人たちは「兵士としての自己」と「民間人としての自己」を切り離すという、解離に似たアイデンティティの二重化を行うことで、後者を保存しつつ戦場への適応を図っていた（前掲 34）小野寺著、pp.102-106）。

37) 第一次世界大戦における「前線体験」の文化的断絶性は多くの研究者によって強調されてきたが、少なくとも農民や労働者階級に社会的出自を持つ者たちに関しては、たとえば軍隊内部での階級秩序を戦前の社会的格差の延長線上にあるものと認識しており、それゆえ戦争体験を経たあとでも社会の現実の解釈パターンに革命的な断絶は見られなかったという（Benjamin Ziemann, Das „Fronterlebnis" des Ersten Weltkrieges – eine sozialhistorische Zäsur? Deutungen und Wirkungen in Deutschland und Frankreich, in: Hans Mommsen (Hg.), *Der Erste Weltkrieg und die europäische Nachkriegsordnung. Sozialer Wandel und Formveränderung der Politik*, Böhlau Verlag, Köln et al., 2000, S. 43-82, bes. S. 54-70）。

38) Richard Bessel, "The Great War in German Memory: The Soldiers of the First World War, Demobilization, and Weimar Political Culture", *German History*, vol. 6, no. 1, 1988, pp.20-34, cit. from p. 25.

39) Ibid., p. 24f.

40) 前掲 29）Brocks, 2008, S. 46-50.

7 第二次世界大戦の記憶とアメリカ
オーラル・ヒストリーから見た「リベットエロージー」

佐藤千登勢

はじめに

　悲惨な戦争の体験を後世に伝え平和を祈念する活動は、世界各地でさまざまな形で行われている。なかでも第二次世界大戦については、戦争体験者の高齢化に伴い、直接的な継承が難しくなる中で、戦争の記憶を風化させることなく、若い世代へ語り継いでいこうという取り組みが多くの国々でなされている。アメリカ合衆国（以下、アメリカ）も例外ではなく、終戦から70余年を経た今なお、戦没者を追悼する行事が毎年各地で催されている。

　アメリカは、1941年12月7日の日本軍による真珠湾攻撃により第二次世界大戦に参戦したが、その後、終戦まで本土が攻撃されることはなかった。戦死したアメリカ人の数は30万人にのぼったが、物理的な被害は連合国の中でも際立って小さく、国内では軍需産業が急成長し、戦時下で多くの人々が雇用の拡大と高賃金を享受した。アメリカ人の多くは、その前の10年間に大恐慌による失業や困窮した生活を経験しており、そうした苦境から脱することができたのは「戦争のおかげ」だった。第二次世界大戦を経験した100人以上のアメリカ人をインタビューしたスタッド・ターケルがいみじくもよんだように、アメリカにとって第二次世界大戦は「よい戦争」であり、第二次世界大戦の記憶は、日本をはじめとする他の参戦諸国とは大きく異なる形で継承されている[1]。

　第二次世界大戦下のアメリカ社会では、兵士として前線に送られた人だけでなく、すべての国民が一丸となり、戦争に協力することが求められた。総力戦

を支えるために銃後の国民がなすべきことは、軍需工場での就労、配給制度への協力や戦時公債の購入、ヴィクトリー・ガーデンでの食糧の自給などであった。こうした戦争協力を通じて醸し出されたのは、かつてないほどの「アメリカ人」としての一体感であり、人種やエスニシティ、階級、ジェンダーなどの違いを越えた「国民統合」が進んだ。自由と平等というアメリカの理念を守るために枢軸国と戦い、勝利した「正戦」としての記憶がアメリカ人の間に深く根づき、国民が共通の目的に向けて一致団結した時代としてなつかしく回顧される戦争が第二次世界大戦なのである。

　本章の目的は、こうしたアメリカ人の第二次世界大戦をめぐる記憶の継承を検討していくことにあるが、その際、重要な手がかりとしてジェンダーに着目し、戦争の公的な記憶と個人の記憶の双方に目を向けながら考察を進めていきたい。戦時下のアメリカでは、自由と平等というアメリカの理念の優越性を対外的にアピールするために、さまざまな形での女性の戦争協力が奨励された。戦前には女性は家庭で家事や育児に専念すべきであるという伝統的な性別役割分業に基づいたジェンダー観がアメリカでも根強かったが、参戦後は、国家の緊急時に女性も「自分の役割を果たす」ことの重要性が政府や実業界によって説かれるようになった。女性ができる戦争協力の最たるものが、軍需工場での就労であり、当時、軍需工場で働く愛国的な女性の姿として「リベット工ロージー」というイメージがもてはやされた。リベット工とは、軍用機の機体などに鋲を打ち、金属板を接合する作業を行う工具である。「リベット工ロージー」の表象は、軍需工場で勤労にいそしむ女性を、戦時の理想的な女性像として称賛するプロパガンダであった。

　本章ではまず、「リベット工ロージー」の表象を通じて伝えられてきたジェンダー観を明らかにする。その後、「リベット工ロージー」の表象が提示してきた戦時の女性像をアメリカ人女性の実際の戦争体験と照らし合わせ、両者の齟齬やギャップについて考察する。その際に近年、アメリカ各地で盛んに収集されているオーラル・ヒストリー・インタビューを資料として用いる。自分の戦争体験を女性たちがどのように語り、それが「リベット工ロージー」という公的な表象とどのように関わりあっているのかを論じていく。こうした検討を通じて、それまでアメリカで社会的な通念となっていた女性の役割やあるべき

姿を戦争がどのように揺るがし「破壊」したのか、そして戦争を経験することによっていかなる意識が人々の間に芽生え、戦後社会におけるジェンダー関係を「再生」していったのかという問題について考察していきたい。

1.「リベット工ロージー」という表象

　第二次世界大戦が勃発すると、イギリスをはじめとする連合国へ武器を提供するためにアメリカでは軍需関連の産業が急速に発達し、すでに参戦前から労働力の不足が懸念されていた。そうした中で、新たな労働力として期待されるようになったのが女性であった。真珠湾攻撃直後の1942年1月には、アメリカ国内で働いている女性の数は1176万人であったが、同年12月にはその数は1472万人へと増え、さらにその後は、1943年12月に1611万人、1944年7月に1644万人にのぼった。こうした働く女性の増加を、民間労働力に占める女性の比率で見ると、1940年3月の26％から、1944年2月には32％、同年12月には34％へと上昇しており、アメリカ史上最高を記録した[2]。

　このような変化は、その前の10年間の女性の就労状況と比較すると、画期的なものであった。1930年代のアメリカでは、大恐慌による就職難の中で、男性の就労が優先されたため、女性はとりわけ深刻な失業に直面していた。なかでも、夫が職に就いている既婚女性の就労は望ましくないものとされ、公務員や教員などの職種では女性が真っ先に人員削減のターゲットにされた。こうした女性の就労に対する制約は、第二次世界大戦が勃発し、軍需産業が急成長していく中で徐々に撤廃され、未婚の女性はもとより、既婚女性の就労率も大きく上昇した[3]。

　出征する男性が増えるにしたがい、政府や実業界はさまざまな手段を用いて女性の就労を奨励した。労働力の不足は軍需生産の停滞をもたらし、戦況を悪化させることになるため、効果的なプロパガンダを用いて女性の雇用を拡大させることが危急の課題であると見なされた。戦時下のアメリカ社会で最もよく知られるようになったプロパガンダが、「リベット工ロージー」という表象であった[4]。この表象は、ビックバンドのリーダーとして人気を博していたケイ・カイザーが1942年に歌った「リベット工ロージー」というポピュラーソング

に登場する女性をモデルにしたものである。この歌に出てくる「ロージー」は、航空機工場の組立ラインで懸命に働く若い未婚の女性であり、リベット工として軍用機の製造に携わっている。「ロージー」のボーイフレンドはチャーリーという名で、海兵隊員として戦地に行っている。「ロージー」は、とても愛国的な女性であり、給料をもらうとすぐさま戦債を買いに行き、一日も早く戦争を終わらせるために自分ができることを何でも率先して行っている。ほかの同年代の若い女性は、仕事が終わるとバーへ行き、カクテルを飲んでキャビアを食べているが、「ロージー」はそうした行動は恥ずべきものだと信じており、友達の誘いにはのらない。「ロージー」の献身的な働きは、必ずやアメリカを勝利に導くのであり、そうした意味において「ロージーはチャーリーを守っている」のだと歌われている[5]。

　この歌が流行した翌年には、著名なイラストレーターであるノーマン・ロックウェルが、夕刊紙『サタデー・イブニング・ポスト』の表紙に「リベット工ロージー」を描き、大きな話題になった。このイラストはカイザーの歌をもとに書かれたものであり、「ロージー」が視覚的なイメージとして戦時下の社会に広く定着するきっかけになった。図1のように、ロックウェルが描いた「リベット工ロージー」は、筋骨たくましい大柄の女性であり、膝の上にリベット打ちの機械をのせて腰かけている。「ロージー」は、星条旗をバックに右足でヒトラーの『我が闘争』を踏みつけ、ドイツへの敵愾心を露わにしている。だが、イラストの細部を見ると、「ロージー」は髪をきちんとセットし、きれいに化粧をしている。赤い口紅やマニキュアが彼女の女らしさを象徴しており、軍需工場でリベット工として男性に伍して働きながらも、女らしさを失わない女性として描かれている。ポケットにはハンカチを忍ばせ、自分でこしらえてきたサンドイッチを食べている。「ロージー」のポーズは、ミケランジェロがシスティーナ礼拝堂の天井に描いた預言者イザヤを模したと言われている。頭上には天使の光輪のようなものが見えるが、これは「ロージー」が、自分の本来の居場所である「神聖な家庭」を離れ、アメリカの勝利のために、汚く骨の折れる工場労働に献身する「犠牲の精神」を表していると解釈されている[6]。

　その後、戦時期を通じて、政府や企業の広報などにさまざまなバージョンの「リベット工ロージー」が登場した。なかでも今日最もよく知られているのは、

7　第二次世界大戦の記憶とアメリカ　139

図1　ノーマン・ロックウェル「リベット工ロージー」

(Saturday Evening Post, May 29, 1943)

　大手電機メーカーであるウェスティングハウス・エレクトリックが作製した図2の「私たちはできる！」というポスターである[7]。カイザーの歌にあるように当初、「リベット工ロージー」として想定されていたのは、未婚の若い女性であった。しかし、未婚女性の多くは、よりよい賃金を求めて自発的に軍需産業へ転職していったため、女性の就労を奨励するキャンペーンは次第に、家庭の主婦をターゲットにしたものが主流になっていった。それらは、家庭の外で働いた経験がほとんどない白人中産階級の専業主婦が、愛国心に駆られて軍需工場に職を得て、戦地へ行っている夫の帰還を願いながら、一日も早い勝利のために懸命に働いている姿を喧伝するものであった。

　こうした「リベット工ロージー」の表象は、第二次世界大戦下の女性の貢献を称える表象として、戦時中のみならず戦後もアメリカ社会で生き続けていった。時代によって、「ロージー」に新たな意味が付与されることもあった。例えば、1970年代に女性の解放を求めたフェミニズムが興隆するようになると、

図2 「私たちはできる！」

(Westinghouse Electric, 1943)

　先述のウェスティングハウス・エレクトリックの「リベット工ロージー」のポスターは、自立と経済力を求める女性の象徴としてアイコン化された[8]。

　今日に至るまで、第二次世界大戦を経験した年配の女性が若い世代に自分たちの経験を語り継ぐ活動において、「リベット工ロージー」はシンボル的な表象として用いられている。1998年にはアメリカリベット工ロージー協会という非営利団体が設立され、かつての「ロージー」たちの交流と戦争体験の記録や継承を中心に活動している。この団体は、小中高等学校の歴史の授業で銃後の女性の貢献を教えるように教育関係者に働きかけたり、戦時の経験を伝える語り部を学校などに派遣して子どもたちや若者と交流している。こうした活動は、女性の社会進出や経済的な自立を目指すフェミニズム的なものではなく、かつての「ロージー」たちの経験を語り継ぐことによって、子どもや若者に愛国心を持たせ、国家への忠誠心を養うことを主たる目的としている[9]。

　さらに、かつての「ロージー」たちを顕彰する動きは、記念碑の建立や記念

館の設立へと広がり、2000年10月にはカリフォルニア州のリッチモンドで、「リベット工ロージー／第二次世界大戦銃後国立歴史公園」が設立された。この公園は、第二次世界大戦期に軍需産業に従事した約600万人の女性の貢献を称えることを目的としたものである。1998年に地元の市議会議員が設立運動を始め、その後、カリフォルニア州選出の連邦議会議員が、国立歴史公園としての認可と建設の予算を得るための法案を提出して実現した。公園の敷地には、第二次世界大戦期に造船業の最大手であったカイザーの第二造船所の跡地が選ばれた。カイザーはここで戦時中、9万人近い労働者を雇用しており、その約3割が女性であったことから、「リベット工ロージー」を顕彰するにふさわしい場所とされた。この公園のビジターセンターが博物館になっており、写真の展示やビデオの上映を通じて、戦時期に造船所で働いていた女性の仕事や日常生活を詳しく紹介している。また、当時のカイザーの社員証や給与明細、作業着、

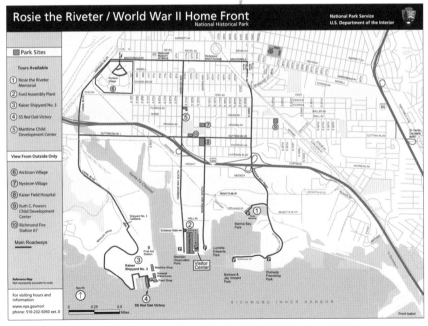

図3　リベット工ロージー／第二次世界大戦銃後国立歴史公園

(http://www.nps.gov/rori/planyourvisit/maps.htm)

工具なども展示されている。**図3**のように、この公園には軍艦をイメージしたリベット工ロージー記念碑も建てられており、一年を通じて多くの観光客が訪れるとともに、近隣の小中学校の社会科見学や課外学習の場になっている[10]。

2.「大きな物語」としての「リベット工ロージー」

　このように第二次世界大戦が終結してからも「リベット工ロージー」は、愛国心の発露により軍需工場で働いた女性を顕彰し、銃後での女性の貢献が戦勝に不可欠であったことを語り継ぐ表象として広くアメリカ社会に定着している。その表象を通して語られる「ロージー」は、次のような女性である。すなわち「ロージー」は、真珠湾攻撃によりアメリカが参戦すると愛国心に駆られて軍需工場へ働きに行き、それまで男性が担ってきた作業を修得して、懸命に増産に努める女性であった。「ロージー」は、工場で男性に伍して慣れない仕事をこなしながらも、決して女らしさを失わない模範的な戦時の女性であった。「ロージー」には戦地へ行った夫や恋人がおり、愛する人が一日も早く無事に帰還することを毎日祈りながら暮らしていた。そして「ロージー」は戦争が終われば、愛する男性と幸せな家庭生活を送ることを望んでいたため、戦争が終わるとすぐさま仕事を辞め、帰還した男性に喜んで職を譲った。こうした「リベット工ロージー」が作り出した戦時の働く女性の表象は、戦後もアメリカ社会においてコンセンサスを得た、一つの「大きな物語」として語り継がれてきた。

　しかし当然のことながら、戦時の女性の体験は、その人が当時、置かれていた状況はもとより、年齢や家族構成、経歴、居住地域、人種・エスニシティ、階級などによって大きく異なる。「リベット工ロージー」として語り継がれてきた「大きな物語」が、戦争中に軍需工場で働いていた女性の経験をすべて集約しているわけでは決してない。そのため、「リベット工ロージー」という「大きな物語」を個人の語りと対峙させ、批判的に検証することが、第二次世界大戦をめぐるアメリカ人の記憶を理解する上で不可欠な作業になる。とりわけ、「普通の人々」の経験を考察の対象にする社会史の研究においては、銃後の経験に重層的な語りがあることに関心が向けられている。

戦争協力や戦時下での国民統合のあり方を、個人のレベルにまで還元して考察するにあたって重要な手がかりとなるのが、いわゆるオーラル・ヒストリー・インタビューである。オーラル・ヒストリーとは、ある出来事の経験者から直接話を聞き取り、記録することであり、活字として残されている資料からはなかなか知ることができない、「普通の人々」の日常生活の様子や心情を理解する手がかりを私たちに与えてくれる。聞き取りという手法は、古くから民俗学などで用いられてきたが、アメリカでは1980年代以降、大学や図書館などを中心に地域でのオーラル・ヒストリーの収集が盛んに行われるようになり、歴史研究のための資料として記録・保存されている[11]。

第二次世界大戦期の女性と労働に関するオーラル・ヒストリーとして高く評価されているものとして、カリフォルニア州の大学で行われたプロジェクトがある。戦前から重工業が発達していた東海岸と中西部の都市部に加えて、カリフォルニア州では、第二次世界大戦が始まると急速に軍需産業が発達した。なかでも、北部のサンフランシスコ近辺では造船業、南部のロサンゼルス近郊では航空機産業の関連工場が数多く操業するようになり、戦時下で多くの女性が雇用された。こうした女性たちの経験を語り継いでいこうという活動がこれらの地域では盛んであり、地元の大学と住民の協力によって、オーラル・ヒストリー・インタビューが盛んに行われている。

なかでも次にあげる二つのプロジェクトがよく知られている。一つは、カリフォルニア州立大学ロングビーチ校の「リベット工ロージー再訪」というオーラル・ヒストリー・プロジェクトである。これは、戦時期にロサンゼルスでダグラス、ノースアメリカン、ロッキードなどの大手航空機メーカーの工場で軍用機の製造に従事した46人の女性のインタビューを集めたものである。1987年にはこのプロジェクトに基づいて、シャーナ・バーガー・グラックが『リベット工ロージー再訪―女性、戦争、社会変化―』を出版している[12]。もう一つは、先述のカリフォルニア州リッチモンドの国立歴史公園の設立に関連して、2000年から2006年にかけて行われた、戦時期にカイザー造船所で働いていた女性へのインタビューである。現在、その記録は、カリフォルニア大学バークレー校のバンクロフト図書館にあるリージョナル・オーラル・ヒストリー・オフィスに保存されている。これらのオーラル・ヒストリーは、それぞ

れの大学図書館でトランスクリプトを閲覧できるが、主なインタビューはオンラインで聞くこともできる[13]。以下では、これらのオーラル・ヒストリーの記録を手がかりに、「リベット工ロージー」が作り出したイメージを再検討していきたい。

3.「リベット工ロージー」のオーラル・ヒストリー

軍需工場への就職

「リベット工ロージー」は、愛国心に駆られて軍需工場で働くようになったとされているが、実際、戦時の女性はどのような動機で就労したのだろうか。オーラル・ヒストリーのインタビューを見てみると、たしかに愛国心を就労の動機としてあげている女性が少なからずいることがわかる。例えば、1942年にノースアメリカンに就職したマリー・ベイカー（1912年生まれ、白人）は、1941年12月7日の真珠湾攻撃があまりにも衝撃的な出来事であったため、対日宣戦布告が出されると愛国的な心情が昂揚し、軍需工場の求職に人々が殺到したと回顧している。ベイカーは当時の状況を次のように語っている。「女性もみんなその頃、働きに出ました。私たちは本当に愛国心に燃えていました。私たちは本物の戦争のただなかにいました。私たちは攻撃されたのです。パールハーバーです。ヴェトナム［戦争］の時よりも人々は団結していたと思います」[14]。特にカリフォルニア州に住む人々は、ハワイの次は自分たちが日本軍の標的になると恐れており、そうした緊迫感が多くの人々を戦争協力へと駆り立てたという。

兄弟や夫、恋人など身近な人が出征したことがきっかけで軍需工場への就労を決めた女性も少なくなかった。メアリー・ルナ（1923年生まれ、メキシコ系2世）は、1942年に高校卒業と同時にダグラスへ就職したが、弟が17歳で海軍に志願したことが彼女に大きな影響を及ぼした。当時、弟はまだ徴兵年齢である18歳に達していなかったため、入隊には親の許可が必要だった。「私は弟の入隊にずっと反対していました。（中略）父がどうして弟に許可を与えたのかわかりません。弟から入隊すると聞かされた時、私は本気で怒り悩みました」と述べている。ルナは、弟の出征に憤り、心をかき乱されながらも、弟の勇気

に恥じないように自身も航空機工場で懸命に働くようになった[15]。

だが、愛国心よりもさらに多くの女性が就労の動機としてあげているのは、経済的な理由である。特に1930年代に大恐慌の影響で失業したり、経済的に困窮して貯金を使い果たしてしまったため、とにかく高い賃金を得られる仕事に就きたかったと回顧している女性は非常に多い。先述のルナは、1930年代に父親が大恐慌のあおりで農地を手放すことになり、その後、一家は生活保護を受けながら暮らしていた。そうした中で、自分が高校を卒業して、航空機工場に就職できたことは、一家の生活を少しでもよくするためのまたとないチャンスだった。事実、軍需工場での賃金は、そのほかの仕事に比べてはるかに高かった。時給は60セントほどだったが、基本給に加えて残業手当やシフトの手当などがついたため、週45ドルを稼ぐことができたという[16]。当時、都市部で平均的な生活を送るのに必要な賃金は週給30ドル程度であったことを考えると、生活にかなりの余裕が生まれたものと思われる。

戦時の女性の就労に関する統計を詳しく見てみると、戦前から継続的あるいは断続的に就労していた女性が大半を占めており、「リベット工ロージー」のように、戦争が始まって初めて就労した女性は500万人程度だったことがわかる。新規の就労者には、ルナのような未婚の若い女性とベイカーのような中高年の既婚女性が多く、就学前の小さい子どもを持つ既婚女性の多くは家庭にとどまった[17]。

戦前、専業主婦だった女性が軍需工場で働いたケースでも、経済的な理由が最もよくあげられている。1942年にヴァルティー航空で働き始めたチャルシア・ニューマン（1911年生まれ、白人）は、当時の状況を次のように述べている。「夫は私に働いてほしくはありませんでした。（中略）彼はドイツ系で、男が家族を養わなければならないという考えを持っていました。（中略）しかし私が働かなければ、夫はほかの仕事を探さなければならなかったので、必要に駆られて就職しました」[18]。

戦時の女性の就労については、人種による違いがかなり明確に見られる。黒人女性の場合、戦前は専業主婦で、戦争が始まって初めて就労したという人はほとんどいない。なぜならば、当時、黒人男性の多くは貧しい労働者であり、十分な収入を得ることが難しかったため、経済的な理由により、黒人女性は

結婚後も常に働いていたからである。戦前は黒人女性の多くが、白人の家庭で家政婦をしていたが、戦争が始まるとより賃金の高い軍需工場での仕事に転職した。多くの企業は、当初、黒人女性を雇用することを躊躇していたが、人手不足が深刻化すると次第に黒人女性の採用に踏み切るようになった。こうした状況を、1943年にノースアメリカンに就職したファニー・ヒル（1911年生まれ、黒人）は、「ヒトラーが黒人女性を白人の台所から解放してくれたのです」と皮肉を込めて回想している[19]。

ヒルはロサンゼルスに住んでいたが、アメリカが参戦すると、地域で黒人の地位向上のために活動していた人々が、黒人勝利委員会という団体を設立し、黒人の軍需工場への就労を斡旋するようになったと述べている。その名称からも明らかなように、こうした団体は、黒人が積極的に戦争に協力することで、黒人に対する社会的な評価を高め、黒人の権利を獲得していくことを目指していた。当時の黒人指導者が提唱していた「ダブルV」（枢軸国との戦争と人種差別との戦いの両方に勝とうというスローガン）を実現するために、黒人コミュニティでも女性の軍需工場への就労が奨励されたのだった[20]。

「女性の仕事」の創出

「リベット工ロージー」は、戦地へ行った男性の仕事をそのまま引き継ぎ、男性に伍して懸命に働いたとされているが、実際に戦時に女性が軍需工場で従事していた仕事はどのようなものだったのだろうか。当時の軍需産業における生産工程を詳しく分析した研究によると、必ずしも新たに雇用された女性が、それまで男性が担っていた仕事をそのまま代替したわけではなかったことが明らかにされている。第二次世界大戦の勃発後、急速に軍需産業が発達していく中で、熟練や経験のない労働者でも作業をこなせるように、さまざまな形で生産方式が転換された。特に航空機産業では、最新鋭の戦闘機や爆撃機の製造に大量生産方式が導入され、作業が細分化された。それによって熟練を持たない労働者でもこなせる単純作業が増やされ、リベット打ちはそうした作業の代表的なものになった[21]。

同じように造船業でも、プレ・ファブリケーションと呼ばれる生産方式が導入され、船体をボイラー、二重船底、船首倉、甲板室、隔壁などに分割して組

立が行われた。個々の組立はサブ組立と呼ばれ、そこではリベット打ちに加えて、金属板の接合に溶接が多く用いられた。サブ組立に従事する労働者は、2週間ほどの訓練を受けて、作業に必要な技術を修得すれば、割り当てられた作業を十分にこなすことができるようになった[22]。

女性の就労を促す政府や企業のプロパガンダでは、軍需工場で多くの女性が従事することになった単純作業を家事にたとえ、だれでも働ける職場であることをアピールした。例えば、航空機の製造で使われている用具の大半は、非常に軽量で小型であるため、主婦が台所で扱う調理器具と大差ないとされた。「あなたが電気ミキサーを台所で使っているのであれば、ドリルプレスもすぐできるようになりますよ」といった宣伝文句が繰り返し使われ、軍需工場への女性の就労が勧められた[23]。

リベットを打つための工具が軽量で使いやすくなり性能も向上したことで、リベットを用いた組立に多くの女性が従事するようになった。そうした中で、リベット打ちは、手先の器用さと繊細な感覚を要する作業であると見なされるようになり、「女性の特性」を生かした職であると考えられた[24]。それに対し、男性はより熟練を要する作業に従事し、職種は性別に基づいて分けられた。ニューマンによると、「こうした仕事［リベット打ち―筆者註］に従事していたのは、ほとんど女性でした。非常に多くの男性が徴兵されていったので、男性をこうした種類の仕事に配置することはほとんどありませんでした。徴兵されない男性はより専門的な仕事に配置されました。男性はジグを扱ったり、翼小骨の型を作ったりしていました」[25]。男性が従事する職種はおおむね賃金が高く設定され、職種が違うという理由で男女間の賃金格差は不問に付された。

ただ、熟練を持たない単能工として作業に従事しながらも、いくつもの職種を経験した女性もいた。特にルナのような若い女性は、次のような体験をしている。「私の仕事は、航空機のパネルにリベットを打ち込むことで、さほど難しい仕事ではなく、じき慣れました。所属する部署や職種は、次々と変わりました。最初は機体のパネルの仕事で、その後は航空機の部品を作りました。着陸装置、ブレーキ、機首などの部品でした。完成した機体を扱うような仕事は、ほとんどしませんでしたが、作業としてはリベット打ちから、研磨、切断、計測、設計まで何でもやりました」[26]。

たとえ、性別により職種が明確に分けられていても、それまで完全に男の職場であった航空機工場や造船所で女性が働くこと自体が、多くの男性にとってなかなか受け入れがたい事実であった。職場の男性が、新しく採用された女性を同僚として対等に扱うことはなかったと多くの女性が回顧している。1942年にダグラスで働き始めたヘレン・スタッダー（1898年生まれ、白人）は、「一緒に働いていた男性はしばらくすると女性がなくてはならない存在であることに気づきました。なぜなら十分な数の男性がおらず、女性がよく仕事をしていたからです。そうして［男性の女性に対する］敵意はなくなりました。ただ、ここはおまえの居場所ではないんだぞという視線が、いつも自分に向けられているのを感じていました」と当時の職場の雰囲気を振り返っている[27]。

結婚観、家庭観の変化

「リベット工ロージー」の表象では、「ロージー」は戦地へ行っている最愛の男性が無事に帰還する日を心待ちにしながら、懸命に軍需工場で働いているとされているが、実際、戦時の女性は恋愛や結婚、家庭生活について、どのように考えていたのだろうか。戦時下で働く女性が増えたことが、女性の結婚観や家庭観を大きく変化させたことは容易に想像することができる。事実、統計的にも戦時期には、婚姻率と離婚率の双方が上昇するという現象が見られた。婚姻率が上昇した理由としては、1930年代に大恐慌の影響で失業するなど、経済的に安定した生活を営むことができなかったため、結婚を遅らせていた人々が、戦時下で仕事が見つかり収入も増えたことで、結婚に踏み切ったことが考えられる。また、アメリカでは参戦前の1940年9月から選抜徴兵制度が施行されており、徴兵年齢にある若い男性の中には、恋人と結婚してから戦地へ赴いた者がかなりいたことも婚姻率の上昇に結びついた。

その一方で、夫が戦地へ行ってしまったり、よりよい仕事を求めて単身で出稼ぎに行ってしまったために、夫と離れて暮らす女性が増加した。その結果、夫以外の異性と交際する人の数が増えた。もし、結婚生活が破綻し、夫と離婚することになっても、職場などで新たな出会いがあるため、再婚相手を見つけるのは比較的容易であると考える女性が増えた。また、戦時期には多くの人が従軍や就職のために転居したため、だれもが互いに顔見知りであるような昔な

がらのコミュニティが崩壊し、人間関係が以前よりも希薄になった。そのため、離婚した女性に対する偏見も薄らぎ、戦時下での離婚率の上昇につながった[28]。

オーラル・ヒストリー・インタビューにも、戦時期に離婚を経験した女性が多く登場している。例えば、ベイカーは、夫が自分の親友と5年間も不倫関係にあったことを知りながら、離婚を思いとどまっていたが、1942年にノースアメリカンへの就職が決まったことで離婚を決意したという。「私は仕事が必要でした。自立しなければならなかったからです。私は慰謝料など何も［夫に］請求しませんでした。自分の力で生活していこうと思いました」。その後、ベイカーは、戦時中に職場で知り合った男性と娘を連れて再婚している[29]。

また、女性が外で働くことで、家庭での夫婦の役割にも変化が見られるようになった。戦時には夫と妻が異なるシフトで働きながら、家事や育児を分担する夫婦も増えた。多くの軍需工場は増産のために24時間稼働するようになり、女性の深夜勤を制限していた労働保護法も戦時中に各州で撤廃ないしは緩和されたため、多くの女性が夜勤で働くようになった。スタッダーは、次のように当時の生活を振り返っている。「娘が［学校から］帰ってくる時間に家にいたかったので夜勤にしました。朝7時半か8時頃に帰宅し、家事を少ししてから寝ました。（中略）家を切り盛りするために普通に家事をこなさなければなりませんでした。洗濯、アイロンがけ、料理もしました」。その後、娘が15歳になったのを機にスタッダーは昼間の勤務に変わったが、それまでの間、スタッダーが夜勤に出た後、就寝まで娘の世話や夕食の後片付けをするのは、日勤を終えた夫の役目だった[30]。

夫と妻が違うシフトで働き、どちらか家にいる方がその間、子どもの世話をする家庭が多かった理由としては、アメリカでは戦時でも託児所や保育所に子どもを預ける人が少なかったことがあげられる。労働省女性局が1945年にサンフランシスコ湾岸地域の子どもを持つ働く女性を対象に行った調査によると、全体の11％が保育所を利用しているにすぎず、50％以上の女性が親類や友人に子どもを預けて働いていた[31]。その背景には、公立の保育所や企業内保育所の設立が遅れていたことがあった。しかし、保育所が整備されている地域でも、アメリカでは一般的に集団保育に対する評価が低く、子どもを保育所に預けるよりも、家族や友人に子どもの面倒を見てもらう方がよいと考える人が

戦時下でも多数を占めていた[32]。

消費と娯楽の主体としての女性

「リベット工ロージー」はたいへんつましく、贅沢をしたり、派手に遊び歩いたりはしなかったとされているが、戦時下の女性は消費や娯楽をどのように捉えていたのだろうか。戦時中のアメリカでは、燃料や食料品などを中心に配給制度が導入されたが、洋服や化粧品などはほとんど自由に購入することができた。そのため、家庭の外で働き、高い給料をもらうようになると、稼いだお金を自分のために使う女性が増えた。必ずしも「リベット工ロージー」の表象が語っているように、働く女性たちは、戦債の購入に給与の大半を費やしていたわけではなく、軍需工場での厳しい仕事から来るストレスを発散するためにも好きな物を買い、消費することによって解放感を味わった。特に未婚の若い女性の中には、自分で稼いだお金を好きなように使う人が多く見られ、当時の広告もこうした女性をターゲットに、ファッションやメイクに関心の高い女性をもてはやした。軍需工場で男性に伍して働きながらも、女らしさを失わないことが重要であるというメッセージが広告を通じて発せられたが、それは「リベット工ロージー」のきれいに整えられた髪や化粧にもうかがうことができる。女性が物質的な豊かさを享受することは、アメリカ的な自由や民主主義の象徴であるという見方もなされ、消費の主体としての女性が社会に受け入れられるようになった[33]。

また、自分で働いて稼ぐことで経済的な余裕が生まれた女性は、週末や仕事の後、レストランやバー、ナイトクラブなどへ遊びに行くようになった。戦時期に軍需産業が急速に発達した地域では、職を求めて移住して来る人が急増したため、さまざまな娯楽施設が急ごしらえされた。都市部では、ビッグバンドが演奏するジャズやブルースを聴かせるようなクラブも増えた。若い女性は、自分と同じ人種やエスニック・グループの同世代の若者が集まるダンスホールへ足しげく通った。ルナは、「ダンスはいつもメキシコ人のダンスに行ったので、必ずメキシコ系の女友達と一緒でした。（中略）ロサンゼルス出身の夫ともダンスで出会いました」[34]と当時を振り返っている。ルナによると、人種やエスニシティにより音楽やダンスの好みが異なるからというのが、その理由

だったが、人種やエスニシティを異にする異性との交際が、まだタブー視されていたため、そうした規範から逸脱しないようにするために、一種の自己規制のような行動がとられていたのだと思われる。

このように職場を離れて、ひとときの解放感を味わう女性の姿が都市部を中心に多く見られるようになると、それに対し批判的な視線を向ける人々も増えた。当時の新聞や雑誌には、女性がひとり、あるいは女性同士数人でバーやクラブに出入りし、酒を飲みながら男性に声をかけられるのを待つようになったことを、破廉恥で不道徳な行為として厳しく非難する声が多数寄せられている。こうした行動が未婚の若い女性だけでなく、夫が戦地へ行っている既婚女性にも見られるようになると、銃後の社会秩序を乱し、戦意をそぐ行為として問題視された[35]。

人種関係の変化

「リベット工ロージー」は白人だったが、戦時期には何万人もの黒人女性が軍需工場で働いていた。戦争が始まると多くの黒人が人種差別の厳しい南部を離れ、新しい職を求めて北部へ移住した。軍需産業が急速に発達したカリフォルニア州の都市部も、そうした黒人たちであふれた。アメリカではすでに参戦前の1941年6月に、フランクリン・D・ローズヴェルト大統領が行政命令を出し、軍需工場では人種や肌の色によって雇用上の差別をしてはならないことを定めていた。そして、職場での人種差別を監視するための連邦機関として雇用公正実施委員会が設立された。しかし、現実には黒人労働者と白人労働者の作業場を分離したり、職種や待遇を人種により区別している軍需工場も少なくなかった。ノースアメリカンで働いていたヒルは、「黒人を働かせないどころか、そこを通らせないような部署もありました。白人の中には黒人と一緒に働くことを嫌う人もいました」と述べている[36]。

ただ、多くの軍需工場では、短期間のうちに急いで多数の女性を採用しなければならず、人種別の作業場を設けるとコストもかかり、現実的ではなかったため、黒人やメキシコ系、アジア系、先住民などマイノリティの女性を白人女性と同じ作業場で働かせた。戦前には、人種が異なる女性がともに同じ職場で働くことはほとんどなかったが、戦時期の軍需工場では、さまざまな人種の

人々が同僚として日常的に接するようになった。ニューマンは、白人の女性と黒人の女性が仕事の合間におしゃべりをしたり、一緒に昼食をとったりするのは日常的な光景であったと回顧している。メキシコ系の２世であるルナも、「職場にはさまざまな地域から働きに来ている人がいました。でも私が覚えている限り、特に人種関係をめぐるトラブルはありませんでした。（中略）職場の同僚は、黒人やメキシコ系といった区別をせず、みな、私に親切でした」と述べている[37]。

とりわけ黒人とメキシコ系など、マイノリティの女性同士は親密な関係を築くことができたようである。ルナは、「ダグラスで働くようになって初めて黒人と身近に接しました。（中略）同じ職場の黒人女性とすぐ仲良くなりました。（中略）彼女は以前、南部で料理人をしていたそうです。彼女にはいろいろ相談にのってもらいました」と回顧している[38]。

だが、職場では同僚として親しく接していても、いったん職場を離れると暗黙のタブーが存在し、プライベートでの異人種間の交際はまれであった。ニューマンは次のようなエピソードを語っている。同僚のひとりが陸軍女性部隊に入るために仕事を辞めることになり、ある白人女性の自宅で送別会を開くことになった。当然のことながら、同じ職場の仲間であるウィリーという黒人女性にも送別会に来るよう声をかけた。だが当日の夕方、送別会が始まる直前になって、ウィリーから電報が届いた。そこには、「送別会に誘ってくれてありがとう。でも行けません」と書かれていた。ウィリーは、白人の住宅地で行われる送別会に黒人である自分が参加すると、近所の人から好奇の目で見られ、みんなに迷惑がかかることを恐れて行くことを断念したのである。ニューマンは、「カラーラインを越えたくなかった」のでウィリーは送別会に来なかったのだと、その出来事を振り返っている[39]。

終戦による離職と戦後の人生

「リベット工ロージー」の表象では、「ロージー」は終戦とともに喜んで職場を離れ、家庭へ戻ったとされているが、実際、女性たちはどのような思いで終戦を迎えたのだろうか。労働省女性局の調査によると、戦時中、サンフランシスコ湾岸地域で働いていた女性で、戦後も同じ職場で働き続けることを希望し

ていた者の比率は、白人で67％、非白人で95％にものぼっていた。しかし、実際に戦争が終わると、大半の女性が解雇を仕方がないものとして受け入れ、戦地から帰還する男性に職を譲った[40]。ニューマンによると、「女性は家庭に戻れということでした。私たちはそれをわかっていました。男性には［戦地から］戻ってきた時の仕事が保障されていました。私は家庭に戻る準備ができていました。私は疲れていました。娘とやりたいことがたくさんあったので、私はそうした時間を楽しみにしていました」と述べている[41]。しかし、ニューマンにとっても、専業主婦に戻ることは決して以前と同じ自分に戻ることを意味していなかった。ニューマンは、戦時の就労を通じて「自分がどのようなことができるのか、何をしたいのかがわかりました」と回顧しており、戦時中、自分がリベット工として立派に仕事をこなしたことが、その後の人生を主体的に歩むための糧になったと振り返っている[42]。

　政府や企業は、大々的にキャンペーンを行い、働く女性たちに家庭へ帰るよう説得に努めたが、仕事を辞め専業主婦に戻ることができたのは、実際にはごく一部の女性だけであった。多くの女性は、軍需工場を解雇されたあと、生活のために新たな仕事を見つけなければならなかった。小売業、サービス業、事務職など軍需工場での仕事に比べるとはるかに賃金が低く、条件の悪い仕事が大半であったが、終戦直後、再就職先を探す女性は非常に多く見られた。

　また、戦時中に仕事をした経験から、家事や育児に専念する生活が退屈になり、戦後しばらくしてから再び働きに出る女性も少なくなかった。ベイカーは、終戦によりいったん離職して家庭に戻り、子どもを出産したが、外で生き生きと働いていた戦時を懐かしく思い、結局、デパートの店員として再び働き始めた。ベイカーは、ノースアメリカンで働いた経験が自分の人生の可能性を広げたのであり、戦争中とはいえ、「それはもう幸せな日々だった」と回顧している[43]。

　その後、1950年に朝鮮戦争が始まり、カリフォルニア州では再び航空機産業を中心とした軍需産業が生産を拡大するようになった。それに伴い、戦時中に働いていた女性を再雇用する工場も増えた。ヒルは、戦時中働いていたノースアメリカンから再就職の打診を受けた時、「それはもううれしくて天にも昇る気持ちでした」と振り返っている。ヒルは自分のほかにも、多くの黒人女性

がノースアメリカンへ戻って来たと述べている。終戦後、大半の黒人女性は、戦前と同じように白人家庭の家政婦として再び働くようになったが、それに比べると、同社の賃金や労働条件がはるかによかったため、再就職に喜んで応じたのであった[44]。

おわりに

　第二次世界大戦下のアメリカ社会で、戦時のあるべき女性の姿としてもてはやされた「リベット工ロージー」は、戦争が終わると再び家庭に戻り、女性としての幸せを手にしたと考えられていた。しかし、これまで本章で検討してきた女性たちの語りは、それほど単純明快なストーリーにはなっていない。「リベット工ロージー」が提示している公的なイメージと当事者である女性たちの語りの間には、明らかに齟齬やギャップが見られる。普遍的な記憶として今日に至るまでアメリカ社会で広く受容されている「リベット工ロージー」の表象に対して、個人的な記憶を語っているオーラル・ヒストリーは、ある程度まで後者が前者を追認している部分がたしかにある。しかしその一方で、本章で論じてきたように、後者が前者を反駁している部分がかなりあるのも事実である。そうしたことからも、「リベット工ロージー」という表象に、オーラル・ヒストリーの当事者の語りを対峙させ、公的なイメージを再検討することの重要性がわかる。

　今日に至るまで「リベット工ロージー」の表象がアメリカ社会で広く受け入れられ、戦争の記憶を継承する行為においてシンボル的に利用されているのは、「よい戦争」の記憶が国民の間に根づいていることの証左であろう。しかし、オーラル・ヒストリーの女性たちの語りに耳を傾けると、「リベット工ロージー」という「大きな物語」に同調したり、妥協したりする一方で、それに抵抗している姿も見ることができる。オーラル・ヒストリーによって記録された女性たちの語りには、社会の支配的なジェンダー規範に抗うダイナミックな力学が表出しているのである。

　本章でこれまで取り上げてきたオーラル・ヒストリーが示しているように、戦時期に軍需工場で懸命に働いた女性たちは、その経験を糧に戦後も自分の人

生を主体的に生きた。多くの女性が戦時の就労経験を誇りに思い、自ら働いて得た収入で自分や家族の生活をより豊かなものにしたという自負と喜びを戦後も大切にし続けた。戦時期に培われた結婚観や家族観には、伝統的なジェンダー規範からはかなり外れた部分があり、戦時の経験によって形作られた新たなジェンダー観は、女性たちのその後の人生に大きな影響を与えた。また、消費生活を享受し娯楽を楽しむ女性の姿も、戦時の一時的な現象にとどまらず、経済的な自立の証しとして戦後の女性にも受け継がれた。戦後、夫とともに働き、家計を担い子どもを育て、地域での活動にも積極的に関わった女性の姿は、オーラル・ヒストリーの随所に垣間見ることができる。

とりわけ、黒人をはじめとするマイノリティの女性にとって、白人とともに軍需工場で働き、積極的に戦争に協力したという自負を持つようになったことは、何にも変えがたい経験だった。黒人女性の中には、戦時期に軍需工場で働きながら、黒人コミュニティの活動に携わり、自らの生活を自分たちの手でよくしていこうという意識を持つようになった人が少なからずいた。そうした経験が、戦後のアメリカ社会で自らの権利を求めて声をあげる黒人女性を育てたのであり、それはやがて公民権運動という大きなうねりへと連なっていった。

戦時の経験は記憶として集積され、それが「リベット工ロージー」たちの戦後の人生を形作っていった。私たちは、かつての「ロージー」たちの語りを通じて、戦前の伝統的なジェンダー規範が部分的にではあれいったん「破壊」されたのちに、戦後の新たなジェンダー秩序が「再生」されていくプロセスを知ることができる。そうしたところに、オーラル・ヒストリーの意義があるのであり、「史実」とされてきた「大きな物語」を問い直すための貴重な手がかりとして、今後も広く活用されていかなければならない。

註
1) スタッド・ターケル、中山容（訳）『よい戦争』（昌文社、1985年）。
2) U.S. Department of Commerce, *Statistical Abstract of the United States, 1944-1945* (Washington D.C.: Government Printing Office, 1945) p.127; International Labour Organization, *The War and Women's Employment: The Experience of the United Kingdom and the United States* (Montreal: ILO, 1946) pp.166, 167.
3) 大辻千恵子「大恐慌と働く権利―既婚女性に対する雇用差別からの考察―」（有賀夏紀・

小檜山ルイ編著『アメリカ・ジェンダー史研究入門』、青木書店、2010年）。
4) プロパガンダとしての「リベット工ロージー」については、次を参照のこと。Maureen Honey, *Creating Rosie the Riveter: Class, Gender and Propaganda during World War II* (Amherst: University of Massachusetts Press, 1985); Penny Colman, *Rosie the Riveter: Women Working on the Home Front in World War II* (New York: Crown Publishers, Inc., 1995); Leila J. Rupp, *Mobilizing Women for War: German and American Propaganda, 1939-1945* (Princeton: Princeton University Press, 1978).
5) 作詞リード・エヴァンス、作曲ジョン・ローブ。カイザー以外にもザ・フォー・ヴァガボンズなどがカバーしている。歌詞については次を参照のこと。http://lyricsplayground.com/alpha/songs/r/rosietheriveter.shtml、2015年5月4日閲覧。
6) Sheridan Harvey, "Rosie the Riveter: Real Women Workers in World War II" http://www.loc.gov/rr/program/journey/rosie-transcript.html
http://lyricsplayground.com/alpha/songs/r/rosietheriveter.shtml、2015年5月4日閲覧。
7) James J. Kimble and Lester C. Olson, "Visual Rhetoric Representing Rosie the Riveter: Myth and Misconception in J. Howard Miller's 'We Can Do It' Poster," *Rhetoric & Public Affairs*, vol.9 no.4 (Winter 2006) pp.533-569.
8) 同上。
9) アメリカリベット工ロージー協会のHPを参照のこと。http://rosietheriveter.net/、2015年4月2日閲覧。
10) Rosie the Riveter WWII Home Front, http://www.nps.gov/rori/index.htm、2015年4月2日閲覧。
11) アメリカの先駆的な著作として、次を参照した。Willa K. Baum, *Oral History for the Local Historical Society* (Lanham, MD: Altamira Press, 1995).
12) Sherna Berger Gluck, *Rosie the Riveter Revisited: Women, The War and Social Change* (New York: Penguin Books, 1987); Rosie the Riveter Rivisited, VOAHA, California State University, Long Beach Library, http://symposia.library.csulb.edu/iii/cpro/CollectionViewPage.external?lang=eng&sp=1000074&sp=0&sp=1&suite=def、2015年4月25日閲覧。
13) Rosie the Riveter WWII American Homefront Project, Regional Oral History Office, Bancroft Library, University of California, Berkeley http://bancroft.berkeley.edu/ROHO/projects/rosie/、2015年4月25日閲覧。
戦時下の造船所の女性労働者を扱ったオーラル・ヒストリーの映像としては、次のDVDがある。Northwest Women's History Project, Good Work, Sister: Women Shipyard Workers of World War II: An Oral History (1982).
14) Baker in Gluck, p.228.
15) Maru Luna, audio interview, #1, #2, #3, VOAHA, California State University, Long Beach Library, http://symposia.library.csulb.edu/iii/cpro/DigitalItemViewPage.external?lang=eng&sp=1001612&sp=T&sp=1&suite=def、2015年5月7日閲覧。ルナのインタビューについては、次の史料解説も参照のこと。佐藤千登勢「戦争と国民」（アメリカ学会編『原典アメリカ史　社会史史料集』、岩波書店、2006年）。
16) Studer in Gluck, 189; Luna interview.

17) 有賀夏紀『アメリカ・フェミニズムの社会史』(勁草書房、1988 年) pp.159-161。佐藤千登勢『軍需産業と女性労働―第二次世界大戦下の日米比較―』(彩流社、2003 年) pp.70、71。
18) Neuman in Gluck, p.163.
19) Hill in Gluck, p.23.
20) Hill in Gluck, pp.25, 36, 37. 第二次世界大戦期の黒人については、次を参照のこと。Richard Polenberg, *War and Society: The United States, 1941-1945* (New York: J.B. Lippincott Co., 1972) Chapter 4; ロナルド・タカキ、大和弘毅 (訳)『ダブル・ビクトリー』(柏艪舎、2004 年) 第 3 章。上杉忍『二次大戦下の「アメリカ民主主義」』(講談社、2000 年) 第 3 章。
21) 詳しくは、佐藤 (2003)、第 3 章を参照のこと。
22) 佐藤千登勢「第二次世界大戦期の軍需産業と女性労働者―カリフォルニア州リッチモンドのカイザー造船所を事例として―」(有賀夏紀・小檜山ルイ編『アメリカ・ジェンダー史研究入門』、青木書店、2010 年) p.253。
23) 佐藤 (2003)、p.137。
24) 佐藤 (2003)、pp.164、165；Studer in Gluck, p.187.
25) Neuman in Gluck, p.164.
26) Luna, interview.
27) Studer in Gluck, p.187.
28) 戦時期の婚姻と離婚については、佐藤 (2010)、pp.256、257 を参照のこと。
29) Baker in Gluck, pp.228, 233.
30) Studer in Gluck, p.190.
31) 佐藤 (2010)、pp.257、258。
32) 戦時期の保育については、佐藤 (2003)、第 4 章を参照のこと。
33) 板橋晶子「戦時下における化粧と『女らしさ』―第二次大戦期アメリカの化粧品広告が描いた女性像―」『ジェンダー史学』5、2009 年、pp.81-93。
34) Luna interview.
35) 佐藤 (2010)、p.259。
36) Hill in Gluck, p.43.
37) Luna interview.
38) Luna interview.
39) Neuman in Gluck, p.165.
40) 佐藤 (2010)、p.263。
41) Neuman in Gluck, p.169.
42) Neuman in Gluck, p.170.
43) Baker in Gluck, pp.234, 237.
44) Hill in Gluck, pp.41, 44.

8 知識人の実践からみる日本社会の「再生」
民俗学者による参与の批判的考察

中野　泰

はじめに―敗戦後における日本社会「再生」の教訓―

　昭和20年（1945）夏、敗戦を迎えた日本は、空襲や原子爆弾投下による多くの死傷者のみならず、あらゆる資源が戦争へ動員（「総力戦体制」）されたため、極度に荒廃していた。しかも、戦地、満州や朝鮮半島等から、いわゆる引揚者が帰ってきたため、急激な人口増加が生じ、食料が著しく不足した。都市部においては、隣組の配給機能が麻痺し、闇市による物資の売買が横行した。日本は、まさに敗戦によって大きく「破壊」されたのであった。
　敗戦による「破壊」から日本はいかに「再生」したのか。その方法とは、どのようなものであったのだろうか。本章では、この問いに対し、知識人を取り上げ、「再生」の方途へいかに対峙したかについて明らかにする。この目的は自ずと次の問いを要請するだろう。すなわち、学問は、現実社会、例えば、災後の「再生」といかに関わることができるのかと。
　ここで知識人を人文社会系の学者と限定し、その学問を普遍性や真理を探究するものであると定義するのであるなら、通常、政策を策定、実施していく行政や政治の領域は、知識人が自ら乗り込み、学問を実践する場とは言い難いと考えられる。もちろん、中立的な観点に立って、それらの世界自体を学問の対象として取り上げることは十分にあり得る。しかし、純粋な学問を志向する知識人が、この「再生」に直接参与するのであるならば、知識人は、学問のあり方をいかに担保し、どのように行政や政治的世界へ参与すべきなのかについて

見取り図が欲しくなる。

　本章は、知識人の営為を検討することによって、そうした見取り図が、今日、いかにあり得るのかについて示唆を得ようとするものである。なお、以下で用いる知識人とは上記したような限定した内容において使用していく。

　このような問いに立って、本章が具体的に取り上げるのは、昭和24年（1949）に成立した漁業法案の作成過程に特異な形で参与した知識人（民俗学者）である。敗戦の混乱からの日本の「再生」は、日本政府のみならず、GHQ、極東委員会、対日理事会などの国際組織によって支えられた。また、日本政府とこれらの国際組織との関係も、GHQの例が知られているように、朝鮮戦争勃発などの国際関係を反映し、時とともに変化した[1]。日本の知識人は、学術的な裏付けを持った知識、技術、方法や提言のために参与したが、日本側のブレーンとして働く者もあれば、GHQの側へ雇用され働く者もいた。

　本章では、このGHQに雇われた日本人知識人を取り上げる。それは、漁業法案の作成にGHQが深く関与していたからである。具体的には、GHQと日本人知識人が遺した文書資料に基づき、一次資料の読み解きを通じて、漁業法案の作成に関わった民俗学者の営みを明らかにし、知識人や学問が、現実社会といかに関わるべきなのかについての洞察を深めたい[2]。この洞察は、東日本大震災など、現代における社会再編成と知識人の関わりについてなんらかの示唆をもたらしてくれるであろう。

1. GHQ下の社会調査

GHQ

　連合国軍最高司令官 = General Headquarters, the Supreme Commander for the Allied Powers（GHQ/SCAP。以下、GHQと略す）は、日本の敗戦に伴い、ポツダム宣言の執行のために設置され、サンフランシスコ平和条約まで、日本の占領政策を主導した（昭和20～27年（1945～1952））。GHQには参謀部と幕僚部が設けられ、軍事力と一体化して占領政策を強力に進めた。幕僚部は、法務局、公衆衛生福祉局、民政局、民間諜報局、天然資源局、経済科学局、民間情報教育局、統計資料局、民間通信局の9局によって構成されていた。

このうち民間情報教育局 = Civil Information and Education Section（以下、CIE と略す）は、日本の非軍事化と民主化を進める上で、文化、宗教、教育、情報面を担当したことで知られる。CIE は、総務、教育・宗教、新聞・出版、放送、映画、企画、調査・分析などの部門で構成され、教育制度の改革、天皇制や国家神道を対象とした宗教改革を日本政府に求め、戦後日本の教育、文化、宗教の制度的基盤を形成する上で大きな影響力を持った[3]。

上記の CIE の部門のうち、調査・分析の部門を母体に設けられた、世論調査・社会学研究課[4]は、① 占領に対する日本人の反応、② 意識調査等の研究遂行、③ 世論調査の民主的手法の構築、④ 技術的 guidance や training を諸機関へ実施、の 4 点の調査研究を目的とし、数多くの世論調査と社会学調査を実施した。この世論調査・社会学研究課は、特に、被調査者の抽出を偏りなく行うために、日本でいち早くランダムサンプリング（無作為抽出）法を実証科学的に実施したことで知られる。

加えて、世論調査・社会学研究課は、社会調査の実施に関して、以下の日本の人文社会科学者らを雇用していた。石田英一郎（文化人類学）、大藤時彦（民俗学）、喜多野清一（社会学）、小寺廉吉（地理学）、小山隆（社会学）、桜田勝徳（民俗学）、鈴木栄太郎（社会学）、関敬吾（民俗学）、竹内利美（社会学）、馬淵東一（文化人類学）ら 10 人である。社会学者、民俗学者が大半を占めていたが、いずれも、概説書や入門書等でよく目にする、たいへん著名で多くの業績を残した学者である。このような者達が CIE に関わる契機がどのようなものであったのかは不明であるが、その背景の推察は一定程度可能である。なぜなら、終戦後間もない頃、Passin が、民俗学の創始者 柳田國男の家を訪ね、喜多野清一、関敬吾、大藤時彦、倉田一郎、桜田勝徳などの名前を示し、消息を尋ねており、それら多くの氏名が CIE の実際のスタッフと重なっているからである。この人物が重要な働きをしたことが想像に難くないのである。

この人物の名は Herbert Passin［1916〜2003］という。イリノイ大学を卒業後、ノースウェスタン大学大学院で文化人類学を学んだ人物である。Passin は、その後、昭和 19 年（1944）、アメリカの陸軍の日本語学校へ入隊し、終戦後の昭和 20 年 12 月に日本へ渡った。当初は民間検閲隊（電信検閲）に数ヶ月携わったが、翌年の春頃、民間情報教育局へ配属され、社会調査の実施を牽引した。

日本の民俗学者らが GHQ 下の社会調査に携わるようになった背景には、このような隣接の文化人類学研究の経験を有する GHQ スタッフの存在が大きかったのであろう。

学術的な"National Society"調査研究

　CIE における社会調査がいったいいくつ、どのような規模で行われたのかについては、実は未だ十分に明らかとなってはいない。戦後、民族学（＝文化人類学）の調査方法論の一つとして、CIE 下の社会調査を対象に経験者達による座談会が開かれたことがあり、その内容を読むと概略を知ることができる[5]。そこでは、Passin の下で、日本人研究者らが組織され、National Society というプロジェクトを開始したこと、15 点にわたるプロジェクト内容は、① 日本社会の基礎構造（家族、村落（村）、都市、国民社会）と、② 文化領域の二つの柱があったという（**表1**）。座談会においては、このような研究主題のもとで、各種の社会調査が、GHQ の指示のもと、紆余曲折を経ながら実施されていったことが語られている。

　談話の中では、プロジェクトの学術性が強調されている。例えば、社会学者の喜多野清一は、「吾われは学者だから、純学術的な調査をやりたい、それでよければ、やりましょう」と意見し、Passin が「それでよろしい」と返答し、具体的な研究題目が策定されたという。謝礼金等の準備は一切ないなかで、「強権を用いてやる調査が、あとで村の者に対してどういう風な影響を及ぼすか」という反省点へも言及がなされてはいるが、全体に学ぶことの多かったことが

表1　National Society

1	population	9	organization of education
2	residential settlements	10	social organization of religious life
3	communication	11	national forms of courtesy
4	kin-tie relations	12	annual cycle of national life
5	regional tie relation	13	cultural area
6	occupational structure of the nation	14	degree of urbanization
7	associations	15	social structure of Japanese Nation
8	social stratification		

（岡田譲ほか「〈特集〉社会調査―座談会―」（『季刊民族学研究』(17)1、1953 年））

8 知識人の実践からみる日本社会の「再生」 163

諸所に窺われる。例えば、CIE で行われた世論調査におけるサンプル選択の手法については、抽象的で概念的なことよりも、「具体的な事実」を捉えるような工夫があり、同じ調査地に間隔をおいて再度調査に赴くような調査方式が「吾われにも参考になった」という。以上の座談会では、CIE で行われた社会調査について、研究プロジェクトの意義、学術的な性格が強調されている。

しかし、そこで挙げられた主な社会調査、すなわち、農村調査、漁村調査、

表2 CIE における主な社会調査

	農村調査	漁村調査	家族調査	山村調査
目的	農地改革に伴う、日本の農村の変化を調査	漁業権改革法案作成に関し、農地改革と異なって複雑な事情を理解するため、背景知識の調査を依頼	国勢調査（昭和25年）の準備として、家族・世帯などの概念規定に関わる調査を依頼される	濫伐と洪水を防止するための伐採制限の条項を森林法の改定内容に入れることに関わる調査依頼
依頼機関	天然資源局	天然資源局	経済科学局	天然資源局
調査対象地	13ヶ村	11ヶ村	9ヶ村	1ヶ所
期間	1947.5〜1950.11	1947.10〜1948.12	1949.9〜?	1949.(1)3〜1949.7
報告書	A. F. Raper, T. Tsuchiyama, H. Passin, D. L. Sills, *The Japanese village in transition*, General Headquarters, Supreme Commanderfor the Allied Powers, Nov. 1950(Natural Resources Section ; Report, no. 136).	*Some Aspects of the Fishery Right System in Selected Japanese Fishing Communities. A report of a field survey of the operation of the fishery right systme and its problems in representative fishing communities in Japan.* Public Opinion and Sociological Research Unit, Research Branch, Nov. 1948.	THE JAPANESE RURAL FAMILY: SOME STRACTUAL-FUNCTIONAL ASPECTS.	*Forest Sociology* (未刊 Draft)

（漁村、及び、報告書については CIE 文書。ほかは岡田謙ほか「〈特集〉社会調査─座談会─」（『季刊民族学研究』(17)1、1953 年）、一部 CIE 文書及び他資料により訂正）

家族調査、山村調査（**表2**）を概観すると、いずれも、CIE が他部局からの依頼に基づいて実施したものであることが分かる。例えば、農村調査は、「農地改革」に伴う農村の社会変化について、天然資源局（Natural resources Section。以下 NRS と略す）から依頼されて行われたものである。調査が紆余曲折を経たことや、調査自体が GHQ 内の異なる部局から依頼されていたことから勘案すると、CIE 内で純学術的な調査研究を行っていたという回顧談はやや学者流の自画自賛に傾いている嫌いがある。農地に関わる改革、漁業権に関わる改革、森林法に入れるべき条項といった各々の目的を見ると、一国の法律改正という一大事の存在が窺われる。その点から考えれば、社会調査の実態については、GHQ の資料等を加味して、丁寧に捉えなければならないと言えよう。

漁業法

　実際、GHQ は、日本社会の様々な点に問題を認め、その改革を要求した。その一つに漁業法がある。漁業法とは、明治34年（1901）に制定され、同43年（1910）に改正された漁業法である（これを明治漁業法と通称する）。GHQ は、明治漁業法が、敗戦後の日本においては改革される必要があると認識していたのであるが、その捉え方は、農林省側の捉え方と同じではなく、むしろ、対立する面が少なからずあった。改革すべき点の検討は、実務を担当する農林省の部局（水産局）と GHQ の担当部局（NRS の漁業課）との間で、繰り返し行われた。結局、漁業法は昭和24年（1949）に成立した（この漁業法を明治漁業法と区別して戦後漁業法と通称する）。本章では、その間の動きを通じて、ある民俗学者が、どのように行動したのかを検討するので、漁業法の内容や、対立点について、予め以下に素描し、一定の輪郭を踏まえておきたい。

　明治漁業法は、定置網、地引網、養殖などといった漁業形態に応じた各々の漁業について、一定の漁場における排他的独占的使用を漁業権として保証し、多数の漁業者が共同して利用する入会漁場を専用漁業権として漁業組合に認め、組合の管理下における組合員の操業として保護した。明治漁業権の特徴は、法律的には、賃貸や譲渡が可能な土地に準ずる物件とみなされたこと、漁業権の免許が行政庁（地方長官）の一方的裁量で行われ、存続期間が20年で、さらに延長が可能な点にあった。このため、例えば、漁業権が、特定の人、例えば

富裕な人物に集中したり、漁業権の免許を特定の人物が長期的に保有したりするなどの問題点も認められた。GHQ はこのような点を重視し、その改革を要求したのである。GHQ にとっては、そのような地域社会を牛耳るボスの存在が、日本社会の軍事化に役立ち、戦争へと駆り立てていった温床であると見なされたからである。農林省と GHQ の間の対立点は複数にわたるがポイントの一つは、漁業権を所有・管理・運営する組織についてであった。農林省側は、従来の明治漁業法の通り、漁業組合（実質的には漁村）がそれにあたるべきだと主張していたが、GHQ の側（NRS）では、それに代わる在り方を模索し、代案を作成するために漁業調査を行った。両者間の対立関係は、単純化してみると、膠着状態（昭和22年（1947））から、合意（昭和23年（1948））を経て、微調整（昭和24年（1949））というように展開した。この展開は、漁業法案の作成過程を捉えた従来の研究と照らすと、膠着状態（第一次案・第二次案）、合意（第三次案）、微調整（第四次案）と整理できる。

　GHQ の介入によって、新たに成立した戦後漁業法においては、その目的が、水面を総合的に利用することによって「漁業生産力」を伸ばすことと、漁業を「民主化」することに置かれた。漁業権の免許は、自ら漁業を営む者以外には認めず、その賃貸や売買は禁止された。漁業権を保持できる期間は、5年〜10年と半減し、期間が終了すると権利はなくなる。新たな免許は、漁業調整委員会が作成した漁場計画に基づいてなされる。この委員会は、選挙によって、漁民代表を含む者を選んで構成される。戦後漁業法は、このような点で、明治漁業法と比べ、民主的な性格を色濃く持つこととなった。

2. 社会調査と知識人

アドバイザーとして参与する知識人

　CIE 下の社会調査に参与した先の研究者10人のうち、ここでは民俗学者桜田勝徳［1903〜1977］を取り上げる。彼を取り上げる理由は、最も長く GHQ の社会調査に関わり、複数の学者の中でも中心的な役割を果たした一人であること、彼の調査研究資料がまとまった形で残されており、その営みを明らかにする上で有用だからである。以下、主として GHQ 資料に基づき、見ていこう[6]。

桜田勝徳が、GHQ に関わることになった契機は明らかでないが、大きな理由としては、漁村に関して豊富な調査経験を有する研究者であったことが推測される[7]。GHQ の雇用文書によると、桜田の業務は以下の3点であった。① 漁村の諸問題に関する研究とコンサルタント、② OIC と GHQ 内の会議と議論、③ 漁村と農村の専門家との連携、である。①のコンサルタントの内容は、a：資料の収集、b：資料の分析、c：資料と報告の準備、d：GHQ の要請に基づく現地調査の4点である。桜田の役割の一つは、GHQ の要請に基づいて調査を実施して資料を収集し、資料とその分析結果を報告することであった。②の OIC はアメリカ国務省・国際情報文化局のことであり、アメリカの政府機関である。桜田は、GHQ 内で行われる会議と議論に参加することとされていた。③は、日本の漁村や農村に詳しい専門家との間で連携し、上記の資料収集や分析に効果を挙げることが期待されていたのである。

桜田は、主だった社会調査（農村、漁村、家族、山村）全てに参加した[8]。漁村の社会調査は、GHQ が、漁業権の民主化を意図して開始した調査研究の一つである。GHQ は、新たな漁業権の法案を作成するよう農林省へ要求するとともに、GHQ の側でも調査研究を始めた。なぜなら、農林省との間に法案の主導権をめぐる緊張関係があるため、独自に情報収集する必要があっただけでなく、GHQ のスタッフは、日本の実情をよく知らなかったからである。GHQ 側は、このようにして新たな漁業法案の要点を明確化させていく準備を進めていた。この過程において、注目すべきは、その明確化を進める場に置かれた、桜田を初めとする社会調査に参加した日本人知識人の独特な立場についてである。一方で、日本の漁村の事情に疎い GHQ は、その事情に明るい専門家を日本人の中から雇わねばならず、他方で、日本人の専門家は、日本社会を再建するために、ついこの間まで敵対国であったアメリカ人によって構成される GHQ の組織の中で、しかも、日本社会の事情に暗い彼らの指示に沿って働かねばならなかったからである。つまり、通常はあり得ないこのような複雑な緊張関係を孕んだ組織構造の中で、日本の専門家は、日本の再建を目指していたのである。

GHQ 側の姿勢の明確化過程

　新たな漁業法に盛り込むべきポイントを明確化するために、GHQ で行われた業務の二つが重要な位置を占めている。一つ目は漁村の社会調査である。二つ目はその結果を漁業法と結びつけて議論する会議である。以下では、その重要な局面の一つとして、昭和 22 年（1947）末から翌 23 年（1948）にかけての「合意」形成過程を見ていく。

　一つ目の漁村の社会調査は、GHQ と農林省との間の関係が膠着していた昭和 22 年に企画、実施された。「日本漁村調査」と名付けられたこの調査の実施は、天然資源局から CIE へ依頼され、CIE で計画を立て、10 月に予備調査（2 か所）、12 月に本調査を実施した。CIE のスタッフと民俗学者が中心となり、他にも臨時のスタッフを補った態勢で、その調査手法は、事前に文献・統計等による研究を行い、主要項目を作成し、インタヴューを実施するものであった。この手法は、「態度調査（attitude survey）」と称され、一定の手続きを経てサンプリングとなる被験者を抽出するもので、上記の社会調査において多く採用されたものであった。本調査においては、四つの調査班が組まれ、北海道から九州に至る 8 か所（① 北海道、② 新潟・宮城、③ 島根・高知・岡山、④ 長崎・神奈川）で調査が実施された。

　調査報告書は約 1 年後の昭和 23 年 11 月に内部報告書として完成された。この報告書は、日本の漁業組織や漁業制度に焦点を当て、その多様な実態の解明とともに、漁業権に対する漁民の態度の解明を意図している。つまり、日本においては、各地の漁村における漁業権・漁業組織の多様な在り方に潜む現状の問題点を改革する必要があり、網元などの漁業権所有者が資本の力、それに加え、雇用関係の背後にある伝統的社会関係を支えに、漁業労働者を組織化し、実質上、漁業組織を指導していること、それらが漁村における民主化の阻害要因となっており、その阻害要因を改めることが多くの漁民から求められているという。漁業組織と漁業権に対する個人の評価や意見を聴取することに主眼を置いたインタヴュー手法の特色が、よく反映されている。

　二つ目は、昭和 22 年 12 月から翌 23 年 3 月の間に GHQ と農林省との間で頻繁に行われた会議である。例えば、1 月 19 日の会議は、CIE が「日本漁村調査」の成果に基づき、漁業権への提案を行い、それを NRS が検討、確認す

る会議であった。例えば、CIE の「漁業権改革への提案」文書には、現行の漁業組織構成に問題が認められること、専用漁業権の海域を減少させる必要があることがまとめられている。漁業者の意見があるという根拠に加え、それらの意見が「多くの者」などと量的に顕著であることが示され、「日本漁村調査」で採用された調査手法の成果が効果的に用いられ、GHQ の姿勢を打ち出す形をとっている。会議では 4 時間以上の討議が行われ、NRS はその内容を高く評価し、了承した。この後、同日に開かれた会議は、NRS 漁業課と農林省水産局の代表者が出席し、GHQ 側が用意した案を討議し、日本側が基本的に了承する形で終わった。

要するに、民俗学者らが行った「日本漁村調査」の成果をもとに、CIE が NRS へ漁業権を「改革」する案を提示し、それに基づき、NRS がそれを GHQ 案として農林省に提示し、同意を獲得したわけである。農林省との間で漁業法に盛り込まれるべき要点を確認する過程には、このような調査と会議が存在していたのである。

だが、GHQ と農林省との会議には、民俗学者は出席していないし、GHQ 内で開催された CIE と NRS の会議にも彼らは出席していない。彼らがどのように関わっていたのかについて GHQ に残された資料から具体的に考えてみよう。

GHQ 資料の中には、新たな漁業法に向けての提言文書が認められる。**表 3**

表 3　漁業権改革に対して求められた桜田勝徳の意見（岡山県日生町・高知県室戸町）

権利	所有権	行使権
区画漁業権	国有	地元漁民の優先権を考慮
定置網漁業権	国有	地元漁民の優先権を考慮
特別漁業権	国有	地元漁民の優先権を考慮
専用漁業権	国有	半農半漁者の肥料採取や失業者の生活稼ぎを考慮
調整等の組織名称／組織形態	漁業調整・魚付林等の漁場維持／瀬戸内海域を一丸とする組織、地域区分し、下位組織を有し、国ないし国から所管を委託された官庁による許可制度と有機的に結び付く	
組織主体	漁業者の自治的組織	

（ボックス番号：5920、タイトル：Fishery Right Material-Selection of Sample, Recommendations、フォルダ資料作成年月日：1948/02-1948/02）

は、新たな漁業権について、民俗学者、社会学者ら4人によって執筆されたうち桜田の提言の要点を整理したものである[9]。例えば、桜田勝徳は「瀬戸内海漁業者ノ漁場ニ付テ」という提言文書を書いているが、それによれば、半農半漁者の肥料採取や失業者の生活稼ぎ、地元漁民の優先権を考慮しながら、漁業権の国有化と瀬戸内海の総合的な漁業調整計画の必要性が説かれている。提言の内容は、タイトル等、執筆者により異なる点もあるが、4点の共通点、すなわち、① 漁業権の区別（専用漁業権、低地漁業権、区画漁業権、特別漁業権）、② 所有権と行使権の区別、③ 所有者の単位（国、府県、市町村）の区別、④ 調整組織の単位・主体・組織内容への配慮、がなされており、漁業権についてのまとまった提言となっている。つまり、NRSが農林省へ漁業法の改革案を提示する際、CIEがその改革案に必要な情報を準備する必要があり、民俗学者らに「日本漁村調査」の成果に基づき、提言するよう求め、民俗学者等がそれに回答する形で提言していたのである。ただし、その提言は日本側の学者間で意見を調整したり、検討を加えたりした形跡はなく、各々の提言が別々に提出され、それをCIE側が翻訳し、利用する形式であった。

　GHQがまとめた歴史記述によれば、GHQ側の漁業権に関わる調査研究は昭和23年（1948）2月には区切りを迎えていたという。実際、NRSの資料を検討すると、NRSと農林省との間で、NRSの提案する漁業権の改革案についての合意は3月までかかっていた。だが、集中的に合意が形成されたのは、同年の1月であった（専用漁業権は1月13日、区画漁業権は1月19日）。このようにして合意が得られた漁業法案（実際には「第三次案」を指す）は、さらに微調整が施された上で（「第四次案」と称する）、閣議決定され、昭和24年（1949）に正式な漁業法として公布された。

知識人の役割

　知識人は「再生」の方途へいかに対峙したのであろうか。この際、留意される一つ目のポイントは、民俗学者という知識人にとって、GHQへの参与はいかに評価できるのかという点であり、二つ目のポイントは、GHQにとって、民俗学者の参与はどのような意義を有していたのかという点である。

　一つ目のポイントとして、桜田は、新たな漁村を捉える民俗学的視角を得た

と考えられ、一学者という立場から見て、その参与は少なからぬ利点を持つものであったと考えられる。GHQへの参与中、日本の学者は業務内容に関わる文筆行為をGHQ以外で認められていなかった。そのため、GHQで行われた社会調査を、当事者であった桜田がどのように評価しているのかについては、まとまった記録がなく、十分に分からない。とりわけ、その調査の特徴的な手法であった「態度調査」の位置づけが見当たらないのが残念であるが、桜田自身の漁村調査の過程で記されたドラフト、及び、その後、公刊された学術論文においては、彼が新たな視角を得た点について確認することができる。

「漁村動向」[n.d]というドラフトは、第二次世界大戦前後の漁村と漁業の趨勢や動向を概観し、瀬戸内海の調査事例に基づき、復員引揚者や戦災罹災者、新興会社等の参入が動力漁船の増加をもたらし、沿岸漁業の競争が著しいこと、沿岸漁村から大都市へと荷揚げ地の集中化が進展していること等、資本主義的競争が激化していると捉え、その対策の必要性を論じている。桜田は、「コノ様ナ調査ニハ漁村ノミナラズ漁村ノ漁業ニ有力ナ基地ヲ提供シテキル漁港ヲ併セテ調査セネバナラナカッタ」と述べ、既存の研究視角の不十分さを指摘している。漁村内部はもちろんのこと、漁村の外側に対する関心ももって、資本等を背景とする流動的労働市場をも捉える視角が必要だと説いているのである。この点は、村落を対象とする民俗学的研究が、これまで村落内にのみ眼を向けていたことに対する反省の現れと見ることができる。その後、桜田が、類似する主張を学術論文で公表している点はこれを裏付けている。GHQの調査に参与することで、「現代漁村を捉える視角」を刷新した点は、純粋に学術的な成果も得ることができたという点で、知識人にとって、貴重な経験であったといえる。

　二つ目のポイントは、GHQの雇用文書の規定と照らして捉えるのが適当であろう。先の雇用文書で規定された三つの業務内容と対照させてみると、第一に、「日本漁村調査」の成果は、漁村の諸問題に関する研究とコンサルタント（①）に該当しよう。第二のOICとGHQ内の会議と議論（②）に関して、桜田はCIEとNRS、及び、GHQと農林省との間の会議には出席していない。この点から、桜田の参加はCIE内の会議に限定されており、役割①に重点が置かれたものであったといえる。①の役割を中心に、桜田は「日本漁村調査」の

成果に基づき、新たな漁業権へ向けて重要な提言を行った。その結果、GHQが主導する形で、漁業法へ農林省の合意を取り付けることができた。実際、彼の主張した広域的漁業調整組織は、戦後漁業法に基づき設置された瀬戸内海連合海区漁業調整委員会として体現され、現在に至っている。桜田らは、GHQの雇用規定に沿って、よく貢献をしたと捉えることができよう。

3. 一知識人による経験の批判的考察

雇用規定を越えた行為

　桜田勝徳は、知識人としてGHQに雇用された。漁業法案作成の一過程に参与するのは、誰にでも開かれた道ではないという点で特殊であるが、加えて、雇われた先がGHQであったという点も特異であった。そうした職場で桜田は雇用規定に沿って働いた。更に、桜田は混乱した当時の漁村を数多く見聞し、純粋な学術的知見を深め、新たな視角を得た。桜田は知識人としての知見を刷新しながら、漁業法案の作成を補佐することで、日本の「再生」に寄与したといえる。

　しかし、桜田は、以下で詳述するように、GHQの雇用規定を越え、GHQが農林省の誤解を解くよう働きかけてもいた。慶應義塾大学所蔵の桜田勝徳調査研究資料には、年欠ではあるが、桜田によって3月3日に作成されたNRSの「漁業制度改革案」に対する意見書がある[10]。この資料からは、委嘱された業務内容を超え、桜田勝徳がNRSへ文書を提出し、NRSが農林省の誤解を解くよう積極的に働きかける必要があると申し出ていたことが分かる。

　動機から見てみよう。先に見たように、昭和22年（1947）当初、農林省は、漁業権の受け皿となる組織は「漁村部落」であるべきだと主張していた。これに対し、NRSは、漁村部落が占有する形式は排他的であるとし、農林省の捉え方を牽制していた。結果として、昭和23年（1948）の冬、農林省は、NRSの方向性へ譲歩を重ねた。桜田は、この間の「漁業制度改革案」の作成が、農林省とNRSの間において「充分ニ合議」して進められていると理解していた。だが、それにもかかわらず、農林省側が、漁業部落を受け皿にするという主張を相変わらず保持していることに桜田は気づき、NRSの見解と大きく隔たっ

ている現状を「意外」に思い、非常に「驚」いた。そこで、農林省側の「誤解」を早く一掃し、NRSが農林省「水産局ノ反対ヲ説得スル端緒」になるよう、自説の「理由」を記し、この一点の問題に拘泥せず、NRSと農林省が「漁業建設ニ必要ナ更ニ多クノ他ノ事項」の考究を進めるべきだと具申している。

主張内容を見てみよう。「天然資源局ノ漁業制度改革案ニ対スル意見ノ附記」と題された文書の骨子を整理すると、桜田は、漁業権の国家所有をはかりながら、三つの次元での管理運営の連携を進め、沿岸全体の漁業生産を合理化し、民主化するために、使用権の固定化を通じて、安定的経営と、漁業部落を越えた広い利用による新たな生産意欲を刺激し、投機的企業家から守るために連合（漁場・漁業・漁村）的な調整組織運営を推奨している。これは、先に触れた「瀬戸内海漁業者ノ漁場ニ付テ」とほぼ同様の内容といえる。

では、なぜ、このような働きかけを桜田は繰り返して行ったのだろうか。この文書によると、桜田は、農林省とNRSの間の不十分な「合議」状態を「心配デタマラ」ず、危機感を持ち、十分な「合議」を速やかに得られるよう、働きかけたことが分かる。この行為は、NRS、すなわちGHQ側の主張を支持しながら、農林省側の誤解を解くような働きかけである。農林省へいかに交渉するかは、NRSが主管していたものであり、桜田の立場は彼を雇用しているCIEが求めた際に意見を述べるべきものであった点から見ると、桜田のこの主張点は、雇用文書の業務内容の① 漁村の諸問題に関する研究とコンサルタントや、② OICとGHQ内の会議と議論の範疇には収まらない。桜田の行為は、依頼されたアドバイザー業務の範疇を超えた、越権行為であったといえる。桜田によるこの積極的行為の意義については、どのように理解したら良いのであろうか。

越権行為の意義

通常、政策等の策定過程においては、会議において問題点を洗い出し、検討を重ねた上で、会議組織（委員会等）がその議決に責を負って、説明責任を持つ。桜田の主張は、この点と関係させると、どのような意義を有していたのだろうか。

まず、主張の理由から見ていこう。桜田は、漁業権の国家所有をはかりなが

ら、三つの次元での管理運営の連携を進める際、全国を8地区官庁と、漁業者の町村地区会議との間に運営を任せる案を提言しているが、農林省が重視してきた漁業部落よりも、町村地区における会議が適切とする理由として、地先専用漁業権を今に保持している漁業部落においては、そのような新たな漁業権の運営方法の影響によって、漁場運営ができないということは考えられないからだという。そして、中には、切実な「希望意見ガ無視サレル」漁業部落があるだろうとしながらも、以下の理由を記し、合理性を説いている。①改革案の全国的な機構は、「特殊ナ地方的事情ヲ一隅ノ問題トシテ無視スル」ことはなく、このような問題点を「漁業部落」が自ら解決していくことも「漁村民主化」における重要なステップであること、②ある程度「停滞」している漁場（漁業資源）の管理については、広い見地に立って、例えば、地元漁業部落以外の漁業者に利用を認めたり、複数の漁業部落で複数の定置網漁業等を経営することで、総合的に採算がとれるような仕組みを作って、投機的な「掠奪企業家」から守ったりするなど、沿岸漁業の漁場生産を「可及的ニ合理的」に高める必要があること、である。桜田は、②を積極的理由であるとし、①はGHQの担当官の質問に答えた際に想起した理由であるとしている。

　この文書から理解できるポイントは3点ある。一つ目は、桜田がGHQの意向に沿って、しかも、GHQの進める「民主化」に一定程度の理解を示し、漁業権の将来像を構想していたことである。二つ目は、文書で具申した桜田の行為は、漁業権慣行の多様性や複雑さを実証的に把握し、それらが存在する条件や要因を解明するという学術的営為であったというよりは、むしろ、戦後の沿岸漁村における漁業権の問題を解決するという行政的営為（政策提言）に位置づけられるということである。三つ目は、桜田の主張点の理由についてはより検討を要すべき不十分な点が認められることである。

　三つ目について補足しよう。例えば、桜田は、漁業権の所有管理形態を変えることで、「希望意見ガ無視サレル」漁業部落があるというネガティブな側面に配慮を見せながらも、それ以上に「沿岸全体」の漁場生産を高めること（②）を優先している。そして、「沿岸全体」の漁場生産の代わりに、無視される漁村部落の「希望意見」がいかに担保されるかについては、十分に配慮がなされてはいない。具体的には、桜田は、漁村部落自ら会議を開いて「困難」を

解決していくこと自体が「漁村民主化」に向けて重要であると記しているが、どのように「漁村民主化」のステップを刻んでいくのかについては説いていない。また、「特殊ナ地方的事情」に対する「全国的ナ機構」の配慮のあり方と、会議によって漁村部落自らが試みようとする解決のあり方は、大きな問題が優先されることが容易に想定され得ることからすると、常に折り合うとは限らない。

桜田の取った行動は、農林省が作成する漁業法案の方向付けをする際、GHQ がより積極的に介入することで、農林省の誤解を解くように非公式的に、かつ、積極的に後押ししたものであったが、十分で綿密な検討が行われた上でのものではなかったと考えられる。それはなぜであろうか。もちろん、上記の問題点については、制度的には、漁業法案を作成する農林省の担当部局が、地方公聴会や国会において説明責任を果たすべきものではあり、非公式な働きかけにはそのような責務はないともいえる。しかし、だからといって、軽はずみな行為が認められるわけではないだろう。知識人による提言は、一国の漁業権の内容を左右する可能性もあったからである。

おわりに―知識人が現実社会と関わる場の構造―

前節では、桜田が GHQ 側へ大胆な具申行動を取りながらも、未解決な問題が残されていることを確認した。沈着で確かな論理を展開する学者として評価されている桜田でありながら、なぜそうなったのだろうか。

先に GHQ では業務内容について外部へ公表することが禁じられていた点に触れたが、実際、GHQ における業務内容について桜田が書き記した文章は、先の座談会を除くと皆無に等しい。同時代の記録には限りがあり、上記した行為の背景に、どのような考えや、思想の変化があったのかを知ることはできないのである。加えて、GHQ による間接統治が終了した後も、桜田はそうした経験を一貫して明らかにしてこなかった。この一貫性を考えると、あえてそうした理由があったのではないかと考えざるを得なくなるのである。

そこで、改めて、桜田の働く場に目を向け、そこがいかなる性格の場であったのかを考えてみたい。総合してみると、そこには三つの特徴を見ることがで

きると考えられる。一つ目は、知識人の純粋な学問をしたいという要求を受け入れた CIE ではあったが、現実的には、日本の各種法案作成を民主的に方向付けるという政治的な目的のために、学術的な知見を要請する場であったことである。二つ目は、学術的知見を提供する際、日本人の知識人同士で意見の検討やすり合わせが行われず、CIE は個々人の見解を収集し、それらの検討や活用は GHQ が管掌して行っていたため、日本人の知識人が干渉できるものではなかったことである。三つ目は、先述の章末資料から窺えるように、桜田が参与していた場は、農林省や NRS が主導権を凌ぎ合っている高度な政治的時空間であったことである。つまり、これら知識人達は、学問・行政の二者が不分離な場に立っていただけでなく、GHQ による民主化の理想に沿って、農林省の方向性を正すという政治的な場にも足を置いていたのである。

　このような場の構造を踏まえると、以下のように位置づけることができるのではないだろうか。すなわち、これら学術・行政・政治の密接不分離な場において、桜田は漁業法案作成作業が膠着した状況に危機感を感じた。「心配デタマラヌ」桜田は深い憂慮と焦燥の念に駆られ、雇用規定や知識人の役割を越えて、自らを雇用する CIE ではなく、NRS という他部署へ働きかける行為に及んだのではないかということである。知識人としての桜田は、日本を再建するために雇用されたという使命感に則り、行政的経験や、検討の時間的余裕が十分にない状況下[11]にあることを理解しながらも、自ら、しかも独りで働きかけざるを得なかった。このように不十分な提言しかできないことを自覚していたからこそ、自らのその経験を、一貫して明言しなかったのではないだろうか。

　しかし、おそらく、そのことで今は既に亡き桜田を、後の世代である私達が批判すべきではないし、その資格は私達にはないだろう。私達にとって大事なことは、むしろ、そうした営為を明るみに出し、その経験についての議論を積み重ね、知識人や学問が、いかに現実社会へ関わっていくべきなのかについて認識を深めていくことなのではないだろうか。ジレンマの狭間で、知識人がいかに対処したかは、現在の、そして、未来の日本社会の再編成の際、私達がいかに対処すべきかの重要な教訓となるからである。

　付記　本章は、平成 25 年度〜 27 年度科学研究費補助金（基盤研究 C 研究番号：

25370932)「フィールドノート・アーカイブスの基礎的研究」（研究代表者 中野 泰）の研究成果の一部である。

註
1) トーマス・A・ビッソン（中村政則・三浦陽一訳）『ビッソン日本占領回想記』（三省堂、1983年）。
2) 本章は、複数の拙稿を土台とし、慶應義塾大学所蔵の民俗学者のアーカイブから新たな資料を加え、とりまとめたものである（中野泰「日本占領期における日本民俗学者とアメリカ社会人類学者の邂逅―民間情報教育局（CIE）による National Fishing Village Survey と attitude survey から―」『歴史人類』40、2012年。中野泰「「漁業権改革」における「日本漁村調査」と民俗学者の実践―天然資源局文書：Chronological Record of Actions Concerning Fisheries Rights を中心に―」『日本列島周辺における水産史に関する総合的研究（国際常民文化研究叢書2）』、神奈川大学国際常民文化研究機構、2013年）。
3) 久保義三『対日占領政策と戦後教育改革』（三省堂、1984年）。ウィリアム・P・ウッダード（阿部美哉訳）『天皇と神道―GHQ の宗教政策―』（サイマル出版会、1988年）。原著 *The Allied occupation of Japan 1945 - 1952 and Japanese religions.* by William P. Woodard. Brill, 1972)。
4) 世論調査・社会学研究課は1948年7月から1951年4月28日のサンフランシスコ講和条約発効で閉鎖するまで機能した。
5) 岡田謙ほか「〈特集〉社会調査―座談会―」（『季刊民族学研究』(17)1、1953年）。
6) CIE と NRS の文書は、アメリカ公文書館所蔵のものであるが、ここでは、日本の国立国会図書館に所蔵されているマイクロフィッシュのコピーを利用した。CIE については、主として BOX No.5918-5920 を、NRS については、主として日誌（Daily Divisional Note. 以下、DDN と略す）の検討に基づいている。本章では、繁雑を避けるため、出典については省略する。出典については、前掲拙稿（註2）を参照されたい。
7) 桜田勝徳は、漁村や漁業民俗の研究を進めた。慶應義塾大学文学部史学科で学んだ後、柳田國男の薫陶を受け、民俗学の研究を展開していった。第二次世界大戦前には農林省の嘱託となり、全国の漁村や漁業調査に従事し、占領期には CIE のアドバイザーをつとめた。戦後、漁業制度改革史料の収集に携わり、農林省水産庁水産資料館館長をつとめ、晩年に白梅学園短期大学の教授となり、民俗学の教鞭をとった。戦後は、村の捉え方や方法論に対して再考を促したことでもよく知られている。
8) なお、CIE 閉鎖後、桜田は、1951年秋（～1972）：アメリカ琉球列島学術調査（SIRI）：研究者派遣事業（学士院・陸軍）、にも参画していた。
9) この資料に年月日は記載されていないが、いずれも英文に翻訳されており、1948年1～2月頃の農林省と NRS の会議に向けて準備されたものと推察される。
10) 慶應義塾大学文学部古文書室所蔵、桜田勝徳調査研究資料9-1による。全文は後掲資料参照。文中の「前ニ提出シタ意見書」は、「瀬戸内海漁業者ノ漁場ニ付テ」という文書を指すものと考えられ、その文書の「附記」として、同年の3月3日に作成された文書なのであろう。英語の翻訳文も残されており、NRS への説明用に翻訳されたものとみられる。

11）民俗学者らが、漁業権についての提言を提出したのは、「日本漁村調査」の後、1948年1月から2月にかけてである。依頼されてから提言を作成するための期間は、約1ヶ月前後の大変短いものであったと考えられる。調査が行われ、その報告書自体が完成するまで約1年を要したことと比較すると、大変に短いことが分かる。加えて、報告書をとりまとめる以前に、このような短期間で慣行漁業権を含めた全国の多様な調査データに基づき、とりまとめさせるのは、権力以外の力にはあり得ないだろう。

【資料】桜田勝徳「天然資源局ノ漁業制度改革案ニ対スル意見ノ附記」

[(1948年カ) 3月3日]

1. 先日、天然資源局水産課ニ於テ、漁業制度改革案作成ニ付テハ農林省水産局ト充分ニ合議シ之ヲ進メテキルトイフオ話ヲ聞イタ。所ガ、二、三日前ニ図ラズモ、水産局ヘ、一行政町村単位＝漁業権ガ所有セラルトイフ改革案ニハ飽クマデ反対デアリ、今マデ通リニ漁業部落ガ専用漁業権ヲ確保為シ得ル様最大ノ努力ヲ傾ケテ行クツモリデキルトイフ事ヲ聞イタ。之ハ小生ニ取ツテハ誠ニ意外デアリ、非常ニ驚イタ次第デアル。何故カト云フニ、先日小生ガ天然資源局ニ於テ承知シテキタ本改革案ハ、一行政町村単位ニ漁業権ガ所有サレルトイフ様ナモノトハ、全ク構想ヲ異ニシタモノデアルト思フカラデアル。

然シ、小生ガ承知シテ来タモノヽ方ガ、或ハ飛ンデモナイ誤リデアルノカモシレヌ。若シ、サウダトスルト、私モ亦漁業権ハ漁業部落ニ與ヘラレネバナラヌトイフ立場ヲトラネバナラヌカモシレナイ。然シマタ、小生ノ方ガ正シクテ、水産局ノ方ガ、従来ノ漁業権ノ観念ニ捉ハレタ多クノ人達ノ度重ナル論議ニ依リテコノ様ニ曲解スルニ至ツタモノトスルト（多クノ人ガ熱心ニ論議シテキルト、コウイウ事ハ有勝チノ事デアル)、コノ誤解ハ一日モ早ク一掃シ、漁業建設ニ必要ナ更ニ多クノ他ノ事項ニ付キ考究ヲ進メテイタヾキタイト小生ハ念願セザルヲ得ナイ。

依ツテ、以下小生ガ承知シテ来タ漁業制度改革案ノ概要ト（小生ガ之ヲ誤解シテキルノデハ、小生ノ意見ハ全ク無価値、無意味ノモノニスギヌコトニナル故、念ノ為ニ記ス）漁業部落会議ヨリモ町村単位ノ漁業会議ヲ良シトスル意見ヲ述ベテキタ理由ヲ簡単ニ記シ、前ニ提出シタ意見書ノ附記トシタイ。サウシテ之ガ水産局ノ反対ヲ説得スル端緒或ハ参考トモナレバ、誠ニ幸デアルト思フ。

2. 小生ガ承知シテ来タ天然資源局改革案ノ概要ハ大体次ノ如クデアル。即チ本案ハ、一切（A）漁業権ヲ一先ヅ国家ガ民間ヨリ没収シ、更ニコノ漁場ヲ従来ノ漁業権ノ観念ニハ全ク関係ナク、八地区官廳ト一行政町村地区内漁業会議ノ運営ニ任セルトイフ骨子ノモノデアル。サウシテ八地区官廳ト町村地区会議トノ間ニ大小ノ地区委員会ヲ設ケル等々。

3. サウシテ、（B）本案作成ニ携ツテキル係官ハ、上記ノ一行政町村地区内ノ漁業会議ニ運営ノ議決権ヲ與ヘルノガ良イカ、若シクハ町村ヲ更ニ細分スル漁業者団体

会議ニ此ノ議決権ヲ與ヘルノガ良イカ、漁村ノ実情カラ見テ何レガ適切カヲ最モ心配シテオラレ、之ニ付キ小生ノ意見ヲ求メラレタ。サウシテ（C）私ハ一行政町村地区内漁業会議ガヨロシイトオ答ヘシタノデアル。私ニハ町村ヲ更ニ細分スル漁業者ノ団体ガ具体的ニハ如何ナル基準ニ依ル組織ガ考ヘラレテヰルノカ未ダ了解シ得ヌ所ガアツタガ、何レニセヨ漁業部落ガコノ団体ノ全部デナクテモ、最モ主要ナ部分ヲ含メルニ違ヒナイト思ヒ、大体漁業部落会議ト数個ノ漁業部落ヲ包括スル漁村会議トヲ比較シ、次ノ理由ヲ思ヒツツオ答ヘシタ次第デアル。

　(a) ソノ一ハ、漁業部落ガ、真ニソノ部落地先ノ専用漁業権ヲ、部落存立ノ可否ヲ左右スル程ノ重要ナ権益トシテ今日モ尚保有シテヰル場合、ソノ部落デハ、共同経営漁業ヲ行フカ、同一漁場ヲ共同操業スル詳細ナル漁場慣行ヲ持ツテヲリ、一ツノ共同生産ヲナス社会ヲナシテヰルカラ、其ノ部落内部ノ結合ノ強サハ、対他部落ノ関係ノ場合ニモ強ク発揮サレル。コノ様ナ部落ガ一行政町村地区ニ二、三在ル場合、ソノ地区ノ漁業会議ガコノ部落漁業者ノ特殊ナ漁場慣行（之ガアル為ニ部落ガ存在シテヰル）ヲ無視シテ漁場運営ガ為シ得ル程、コノ部落社会ノ存在ハ弱イモノデハ決シテナイ、ト信ジタコト。要スルニ、自然的条件カラモ別天地ノ観アル所ノ多イ (1) 漁業部落ノ結合ハ、コノ位ノコトデ無視サレル様ナ弱イモノデハナイト思ツタコト。

　(b) ソノ二ハ、無論全国的ニ漁業部落ヲ見レバ、ソノ切実ナル希望意見ガ無視サレル結果ヲキタス様ナコトガ必ズ或ル程度起ルデアラウト思フ。ケレドモ (2) 改革案ノ全国的ナ機構ハ、特殊ナ地方的事情ヲ一隅ノ問題トシテ無視スル如キモノトハ到底考ヘラレヌシ、コノ様ナ困難ヲ漁業部落乃至漁村自ラガ会議ヲ通ジテ解決シテ行クコトモ、漁村民主化ノ上ニハ極メテ大切ナ経験トナルダロート思ツタコト。

　(c) ソノ三ニハ、改革案ニ考ヘラレル漁場ノ運用ニ於テハ、従来ハ漁業権免許期間20ヶ年トイフ様ナ (3) 権利所有ノ固定化ハ全ク考ヘラレズ、都テ漁況ノ変化、漁期前等ニ於テ漁業会議ガ活発ニ行ハレル為メニ、5ヶ年6ヶ年間位ノ使用権ヲ継続テキニ持ツテ経営シナイト、経営ニ危険性ガ多クテ、着業シ難イ漁場ナドハ経営者モ難クナルノデハナイカトサヘ想像スル位デアルカラ、勿論現在ノ漁業権制度ノ如ク形式ニ捉ハレル所ハナク、マタ悪イ裁決ハ何度デモ改メルコトニ依ツテ漸次完全ニ近イモノニナルデアラウト思ツタコト。

4. 漁業部落ノ意見ガ無視サレルトイフ上記ノ様ナ心配ガアルニモ拘ラズ、ホ（ママ）ホ町村地区会議ヲ良シトシタ積極的ナ意味ヲ持ツ理由ハ次記ノ如クデアル。

　(a) 漁業部落内ノ漁業慣行ハ、屢々其ノ部落社会ノ自律的ナ機能トシテ古クヨリ存続シテ来タ戸主会議ニ依ツテ年々論議セラレテ来テキルモノガ多イ。従ツテ其ノ部落生活ノ特殊ナル事情ニ応ジテ殆ンド遺憾ノナイ程度ニ達シテキルト思フ。マタ、漁業資源ガ或ル程度マデ減退シタ漁業部落デハ、其ノ資源利用ノ路ガアマリ考ヘラレズ、放置サレテキル場合モ多イト思フ。ソノ何レニセヨ、漁業部落ニヨリ管理サレテキル漁業資源（即チ漁場）ノ利用状況ハ或ル程度ニ於テ停滞シテキルト考ヘラレル。ケレドモ若シ (4) コノ漁場ヲモット廣イ見地ニ立チ其ノ利用ヲ考ヘ行ク場合、一漁業部落ノ伝統的ニ持ツ特殊ナ漁業技能ニ殆ド委ネラレテキル現在ノ利用状況ヲ、大イニ改革シテ行ク餘地ガ残サレテキルト信ズル。勿論コノ改変ハ、部落ノ存立ヲ俄カニ脅ス様ナ事ナク漸次行ハレネバナラズ、マタ其ノ様ナ新シイ利用ガ、コノ地元漁業部落ノ漁業ニ対シ良イ刺激トナリ、新シイ生産意欲ヲ起サシメルコトハ決シテ困難ナコトデハナイト思フ。従ツテ今更、漁業部落ノ小サイ利益ノ観点ニ立ツテ漁場運営ガ行ハレルデアラウト思ハレル機構ハ避ケタイト思ツタ。

　(b) 将来ニハ、相当大規模ナ漁業ガ漁村ノ漁業者達ノ結合ニ依ツテ大イニ経営サレネバナラヌ。コノ見地カラ考ヘルト、今日各地ノ漁業部落デ行ハレテキル多クノ共同経営漁業モヨロシイガ、(5) 更ニ大規模ナ数漁業部落乃至数漁村ノ共同事業ニ発展セシムルニ適シタ漁業制度デナケレバナラナイ。殊ニ漁業ハ、漁獲スル迄ハ確実ニ生産数量ヲ予定スル事ノ出来ヌ多分ニ危険性ヲ持ツ事業デアル故ニ、今日ノ如ク一ツノ定置漁業ヤ揚操網（アグリアミ）漁業ヲ一部落ノ範囲内デ共同経営スルニ止マラズ、数個ノ漁場、数個ノ漁業ヲ数個ノ漁業部落デ経営シ、一ノ成績ガ不良デアツテモ、他ノ成績ヲ以テ充分ニ cover 出来ル様ナ経営規模ニ持ツテ行クノデナケレバ、投機的ナ掠奪企業家ノ手カラ守ルコトハ困難デアルト思フ事。従ツテ漁村ノ将来ヲ考ヘル上カラモ封鎖的ナ別天地ノ観アル漁業部落ニ漁場運営権ヲ固守セシメルヨリモ、モット廣イ見地ニ於テ考慮スル事ノ出来ル町村地区会議ノ方ヲ選ンダ次第デアル。

　然シ、之ハ水産局ガ考ヘル如ク、町村ガ漁場所有権ノ主体ニナルトイフ事デハ決シテナイト思フ。町村地区会議ガソノ地区内ノ漁業者ト一緒ニ責任ヲ持ツテ自分ノ土地ニ接スル地先海面ノ漁場運用ヲ図ツテ行クトイフ事ハ、町村利己的立場ニ於テノミ、運用権ヲ行使スル結果ニナルト極メテシマフ事ハ出来ヌ。然シ勿論此ハ町村

地区会議ノ裁決ガ、廣イ観点、狭イ立場ヨリ見テ妥当デナイ場合ガ多イデアラウ。シカシソノ様ナ場合ニ於テコソ、ソレヲ修正シ (6) 沿岸全体ノ漁場生産ヲ可及的ニ合理的ニ高メテ行クトイフ積極的ナ任務ヲ、八地区行政官廳及ビ大、小二ツノ中間委員会ガ持ツテキル筈デアル。然シ、以上ノ如ク町村地区漁業会議ノ地位ハ非常ニ重イ。故ニ之ガ会議員ノ構成及ビ、此ノ構成ノ基礎トナル下部漁業者団体ノ組織及ビ機能ニ関シテハ、出来ルコトナラバモット具体的ナ事ヲ知リタイト思フ。

　以上ニ依リ、小生ノ本改革案ニ対スル理解及ビ誤解ノ程度ハ明ラカニナツタト思フ。マタ、小生ノ水産局曲解ニ対スル心配モ亦、笑フベキ小生ノ聞キ誤リデアルカモシレヌ。シカシ小生ハ心配デタマラヌノデ以上ヲ記シタ。此ノ文ガ前ニ記シタ意見ト共ニ天然資源局水産課ニ通ジテイタゞケバ、幸デアル。

　　　（慶應義塾大学文学部古文書室所蔵　桜田勝徳調査研究資料　目録資料 No.9-1）

9 軍用地返還の経緯と跡地利用の実体験
沖縄県・西原飛行場周辺の土地と生活

武井基晃

はじめに

　沖縄県には、沖縄戦、終戦後からの米軍統治を経て、昭和47年（1972）5月の日本復帰（日本への施政権返還）以降も今日まで米軍の軍用地が置かれていることは周知の通りである[1]。本章では、大戦中に接収が始まり、日本復帰前の昭和34年（1959）5月1日に返還された「西原飛行場」（米軍側の呼称はYonabaru Airfield、与那原飛行場）を事例とし、返還がどう受け止められたか、返還された土地がどのように利用・転用されてきたかについて当事者の実体験を資料や現地調査をもとに検討する。

　沖縄における軍用地の返還と跡地利用について、住民の生活に根ざした歴史的経緯をふまえて考えるためには、① 接収前の原状──接収前の暮らしがどのようなものだったか、それがどのように接収されたか──、② 返還当時の現状──接収後に住民はどこへ行きどのように暮らしたか、軍用地の地主はどんな補償を受けたか、軍用地はいかに返還されたか、その返還は自治体や住民にどう受容されたか──について実態を把握すべきである。それによって、③ 今日における現状─返還後の土地利用や暮らしはいかなるものか──を考察できる。

　返還された軍用地の跡地利用の推進は、返還後に原状回復か全く異なる利用のどちらが目指されたか、そしてそれらがどれほど実現できたかに影響される。今村元義は復帰後の沖縄における返還された軍用地の利転用問題を論じ、

「その多くが未利用、もしくは低度利用に留まっている」要因として、①国有地が少ない（私有地と公有地が多い）、②地主が多くしかも大部分は零細地主（所在不明者や海外移住者も）、③地主の利害が一致しない（例えば農耕一本にまとめられない）、④軍用地料が高すぎる、⑤地籍が未確定、⑥返還方法が「使い捨て」的である（地主側にとっても利用しがたい土地）、⑦跡利用行政が未確立である（跡利用も進まず、地料収入もなくなる）の七つを挙げた[2]。このほか「跡利用の阻害要因」として、返還方法の無計画（突然返還）、不要土地の部分的こまぎれ返還、地主の生活にくみこまれた地料なども指摘されている[3]。

本章では西原飛行場とその周辺地域を対象とし、西原村（現西原町）と中城村（なかぐすく）の村議会の会議録と最近の現地調査をもとに、返還後の土地利用（農地の回復[4]、工場誘致）について論じる。さらに返還後の生活、特に土地改良に伴う村落内の拝所（はいしょ）の移転・集約（統合拝所の設置）や、一つの門中（ムンチュー）（父系親族に傾斜した祖先祭祀の単位集団）からなる集落の土地利用など、地域の実態にそくして論述する。

1. 西原飛行場略史—肥沃な畑が飛行場に—

軍用地返還の背景

平成22年（2010）11月2日の琉球新報の1面に、日本本土から沖縄へ移住する米海兵航空隊の配備先について、昭和30～31年（1955～1956）にかけて米軍と米国民政府の間で議論が交わされたことを記録した文書を林博史（関東学院大教授）がワシントンの米国立公文書館で発見したことを報じる次のような記事が載った（なお記事内の「与那原飛行場」とは「西原飛行場」を指す米軍側の呼称である）[5]。

　　海軍は与那原飛行場の拡張計画を進め、那覇基地を上回る1855エーカーの土地と、それに伴う6245人の移転が必要だとした。
　　しかし米国民政府（USCAR）は56年10月「極めて好ましくない」と反対。その理由に①住民の移転先がない②基地には農業ほどの雇用がない③西原村長が社大党で、村は反基地運動が強い——などを挙げ、「アジ

全域に反米感情をあおることに利用される」とし、反米感情の拡大を恐れた。

　那覇総領事や駐日大使から上がった地元報告を受け、国務省は、国防総省に計画変更を要求。国防総省はこれをのみ 56 年 12 月、海、空軍の両長官に対し、普天間の共用を指示した。(略)

　さらに米国民政府は 57 年 9 月、普天間配備への住民の反発をかわすため、先に与那原飛行場返還に着手するよう海軍に要求。メディアを利用して返還を強調するよう勧告した。

このように西原飛行場（記事内では与那原飛行場）は拡張計画が一旦先行したが、普天間基地に関わる住民感情の操作の一環として、一転して返還が決まったのである。

西原・中城における軍用地の接収―日本軍から米軍―

　西原の仲伊保(なかいほ)から中城村の南浜(みなみはま)にかけては豊かな畑作地帯で、特に大根が有名だった。西原村議会の会議録に残されている「西原飛行場解放にともなう復元補償促進に関する請願」（昭和 34 年 (1959) 6 月 20 日付、行政主席および立法員議長宛）には、この一帯は「戦前沖縄において唯一の肥沃地で甘蔗、甘藷、蔬菜作りで土地所有者は何不自由なく生活し全島農家の羨望の農地」だったとその価値が主張されている。しかし、その肥沃な土地は「飛行場滑走路、誘導路等は約 1 米も石やセメントで部厚くかためられ又近傍の土地はこれら飛行場建設のために約 4 米も掘りとられて海や沼と化している実状であり、全く使用不可能」となった[6]。

　かつての肥沃な土地はどのように接収されたのだろうか。

　軍用地としての接収の端緒は昭和 19 年 (1944)、旧日本軍によるものだった。当時の西原の様子は次の通りであった[7]。「昭和 19 年になると、15 歳以上 60 歳までの人たちは徴用され、陣地構築や飛行場建設（西原飛行場＝小那覇(おなは)飛行場、中飛行場＝嘉手納(かでな)飛行場＝屋良(やら)飛行場、伊江(いえ)飛行場、読谷山(ゆんたんざ)飛行場＝北飛行場）に従事させられた」「小那覇飛行場建設現場では、作業の指揮をする下士官が 5 人ほどで、徴用されてくる人夫は、1 日で 1000 人以上もいた。／飛行場建設

中、他市町村から来た徴用人夫は、小那覇部落の民家に泊まったので（略）小那覇部落の字民は、宿泊人夫の世話もしなければならないし、また、自分も徴用に駆り出されるので、家にいる暇さえないほどの忙しさであった」「計画では幅200メートル、長さ800メートルの滑走路を造る予定で、約15万坪の農地を接収」したが「半分も完成しないまま放置された」。米軍の上陸による戦闘の激化——特に昭和19年（1944）10月10日の十・十空襲——のためである。

その後、昭和20年（1945）6月30日に米軍によって1500mの滑走路が拡張整備された[8]。これは昭和27年（1952）4月の日米の講和条約締結[9]より前であり、「講和発効前接収」に該当する。米軍による拡張の際には、飛行場周辺に誘導路・格納庫・兵舎も設置されたため、周辺の西原村の伊保ノ浜・仲伊保、中城村の南浜・和宇慶南部も接収され、立ち入り禁止区域になった。また、飛行場の整地のために土砂が掘り出されて使えなくなった農地も多い。この土砂を掘り出した穴は昭和25年（1950）頃まで西原・中城の塵捨て場になっていたが、その後に埋め立てられて工場地帯になっている。

「日本軍も米軍も、飛行場建設の際は埋土をして、その上に砂利やコンクリートを敷いて約1m位の厚みの滑走路を作った」[10]。このように厚く覆われたことは、土地返還後の再開発でも大きな障害となった。

返還に先立って

西原飛行場の返還に先立って、昭和32年（1957）「8月14日には米海軍が与那原（西原、筆者註）飛行場用地の返還を東京の海軍司令官に指令した」。これは一方で「相当量の土地を返還」しつつ、他方「若干の土地を新規に借用」する必要を表明したレムニッツアー民政長官の声明後の指令だった。ただし「レムニッツアー声明が出された1957年1月から沖縄代表団が訪米する1958年6月までに米軍が返還した土地面積は、約503エーカーであった。これに対し上記期間内に新たに米軍によって接収された軍用地面積は、約2万5820エーカーに及んだ」といい、声明とは「全く逆」の対応がなされた[11]が、西原飛行場に関しては返還が進められることとなった。

ところが、返還を受け入れる市町村側には、軍用地からの税収が重要な恒常的収入源だったという事情があった。昭和31年（1956）のプライス勧告に沿っ

た軍用地料の一括払い政策に対しても「市町村長会は、一括払い政策の実施によって各市町村はこれまで軍用地主から毎年徴収していた土地税を徴収できなくなると主張し、市町村財政に与える影響面から同政策に反対した」[12]。これは決して軍用地の利権にただすがっていたというわけではなく、荒れ地を突然返還されても、住民も市町村も生きていけなかったのである。

以下、西原飛行場周辺の複数の集落について軍用地接収から返還・跡地利用の実体験を論じていく。

2. 調査地概要

古村と新村

その前に、古村（ムラ）と新村（屋取集落。ヤードゥイ、ハルヤー）という沖縄の集落ごとの成立・規模・住民構成の違いを把握しておく必要がある。

田里友哲は沖縄の集落を『琉球国由来記』（1713年）と『琉球国旧記』（1731年）に確認できる伝統的在来の「古村」と、それ以降に成立した屋取（ヤードゥイ）集落などの「新村」を区別した[13]。屋取集落とは、琉球王府時代に首里で生活できなくなった無職の琉球王府士族の子弟が首里を離れて海岸低地や山林に移住し、そこを開墾して成立した集落である[14]。畑（ハル）の中にあることからハルヤーとも称される。

ムラの住民が村落内部の聖地を対象とする村落祭祀で結集するのと比べ、首里から来た士族の子孫に当たる屋取集落の住民は、首里の宗家を頂点とする門中という父系親族を単位とする祖先祭祀で結集する傾向がある。

琉球王府時代に遡ると祭祀以外に、人事法制上の結集の差異が現れる。庶民（百姓）は部落（組・与＝約5世帯で1単位）を、士分は門中を単位としていた。奥野彦六郎によると人数調査や薩摩藩が導入した宗門改では、庶民が「自然に一種の部落籍のようなもの」を成立させた一方、移動性に富み土地にとどまらない士分は門中を単位に「門中籍」というべき戸籍で管理され、一門の大宗家に出生届をして系図を繋げることで士の身分を更新していた[15]。

沖縄の村落内部におけるムラ（古村）とハルヤー（新村、屋取集落）の関係について津波高志は、Ⅰ：ムラ村落、Ⅱ：ムラ・ハルヤー複合村落、Ⅲ：ハル

ヤー村落に分け、さらに両者の併存の具合から、A：両者がほとんど無関係に併存している村落、B：区分が判然としない村落に分けた[16]。本章で事例として記述する屋取集落——西原の仲伊保・伊保ノ浜、中城の南浜・北浜——はいずれもⅡのA、つまり行政区内に同居しながら無関係だった複合村落から、分立して行政区となりⅢの状態になったものである。

西原飛行場周辺の集落

　「西原飛行場」とは、現在の西原町小那覇（図1）に戦中から戦後にかけて存在した飛行場で「小那覇飛行場」「沖縄東飛行場」、米軍資料では「Yonabaru Airfield（与那原飛行場）」という複数の名称を持つ。飛行場一帯、すなわち西原村（現西原町）から中城村の海岸低地にあった集落について、大正8年

図1　西原飛行場の位置

（基図2.5万分の1地形図「与那原」平成18年（2006）に昭和20年（1945）12月10日米軍撮影空中写真のトレース図を重ねて作成）

(1919）の「註記調書」[17]で確認してみよう。

まず西原村域には、小那覇（319戸/1814人。内「大字ニ属スル部落」として伊保ノ浜に40戸/204人）、嘉手苅（60戸/350人）、掛保久（68戸/402人。内、シリ原に11戸/56人）、内間（91戸/511人。内、ウシクンダ原に11戸/56人）、仲伊保（77戸/440人）があった。これらの内、小那覇・嘉手苅・掛保久・内間は琉球時代以来の古村から字（行政区）に移行した集落だが、仲伊保は大正5年（1916）、伊保ノ浜（小那覇ノ下）は昭和初期に屋取集落から字（行政区）に昇格した。

次に中城村域には、和宇慶（194戸/1015人。内、和宇慶濱屋取に79戸/418人）、津覇（215戸/1119人。内、津覇濱屋取に15戸/79人）があった。当地の屋取集落は、地籍上は古村起源の和宇慶と津覇にそれぞれ属していたが、実際には住民の姓によって安里屋取と仲松屋取に分かれ、戦前にそれぞれ南浜、北浜の名で字に昇格した。

3. 軍用地返還の実体験
　　―現地調査および当時の議事録より―

軍用地返還1―中城村での現地調査より―

終戦後の中城村で土地返還のための調査に関わったAさん（昭和3年（1928）生　男性　中城村和宇慶）は戦時中、国頭（沖縄本島の北部）への疎開を促す命令に従わず村内の山や墓に隠れていたが、昭和20年（1945）4月1日に上陸した米軍が5日には中城村を通過したため、南部へと逃げ惑うことになった。同年6月23日、組織的な戦闘が終わったときに喜屋武岬（沖縄本島の最南端）にいたAさんは米軍に捕まって取り調べを受けたあと、宜野座村の漢那の収容所へ送り込まれ、米軍からの配給を受けながら「ベニヤ板1枚と毛布1枚が寝床」という暮らしで、兵舎作りなどの労働に従事した。

翌年の3月に中城村に帰ることが許され、まず村民が集められていた同村当間の下（高江洲屋取）の収容所に入った。他にも中城村の久場崎収容所[18]や現沖縄市高原のキャンプキャステロ（通称インヌミヤードゥイ）などから帰ってきた中城村民が集まっていた。このとき西原飛行場は米軍により拡張されて付近

は立ち入り禁止区域となっていたため、西原村仲伊保・伊保ノ浜（小那覇の下）や中城村和宇慶・南浜の住民は元の住所に戻れず、村内の収容所や周辺の他の字（行政区）での居住を余儀なくされた。「その間字民は軍用地料を受け取った。飛行場周辺は黙認耕作地になっていた」[19]。伊保ノ浜には兵舎が置かれていたが、米軍が移駐した後「兵舎はそのまま放置されていたので、地元の住民が夜間取り壊してきて、自分たちの家の建築資材として利用した」。しかし飛行場の土地が返還されるまで「元の部落に居住することは許されなかった」[20]。

飛行場からは離れた中城村当間にも米軍の燃料タンクが置かれたためやはり立入禁止とされ、当間の人々は燃料タンクが移転するまで4～5年ほど当間の海岸低地にあった村の収容所で暮らしていた[21]。その後、自分の集落へ帰ってからもしばらくは屋根としてテントが張られた仮設住宅に住み、徐々に茅葺き屋根の家を建てていった（昭和10年（1935）生　男性　中城村当間）。

Ａさんら和宇慶・津覇・南浜・北浜の住民は、当間の収容所から出て、いったん津覇の収容所に移住し、昭和20年代後半頃にようやくそれぞれの住所に戻ることができた[22]。その頃、地域の事情をよく知る人が任命されて、土地の所有権証明書（昭和26年（1951）4月1日付）を交付するための土地所有の図面が作られた。戦争によって戦前の土地台帳も戸籍も焼失したため、戦前の土地所有の状況を自己申告させて確認したのだが、人々の証言は、特に面積については不確実で、それらをすべて信じると実際の土地の面積を上回った。当時を知る人（昭和12年（1937）生　男性　中城村奥間）は「めいめいの声を信じると中城湾を埋めても土地が足りない」と回想する。

その後、琉球政府が制定した土地調査法に基づく再調査がなされ、隣近所で相談して杭を打ち、民間の測量会社が記録して図面を作成していった。それを役場で閲覧させて間違いがないか確認させたが、結局後回しとなる未確定地域がたくさん出ることとなった。特に飛行場跡地のアスファルトで埋められた土地の境界は全く確定できなかった。

軍用地返還2―西原村議会会議録より―

冒頭に引用した記事で明らかにされた要求から約1年半後の昭和34年（1959）5月1日、西原（与那原）飛行場の土地は住民・地主に返還された。同

年 2 月 27 日に土地解放の予告通知を突然受けたことに対する困惑が同年 3 月 31 日の西原村議会会議録からうかがえる。まず大城純勝村長（当時）によると「陸、海、空軍の三軍が意見一致してワシントン政府に提案したところ、向うでも十分検討した結果現地軍の提案通り必要性がないという結論になった」[23]とあり、本章冒頭で紹介した記事の公文書とはやや異なる経緯の説明がされている。軍用地返還をめぐる議論はその後、補償の問題に終始する。米国は「講和発効前接収軍用地に対しては補償の責任はない」[24]という態度を示したためである。西原飛行場は日本軍が戦中に接収して放置した飛行場を米軍が利用し、その拡張工事は昭和 20 年（1945）6 月末に終わったので講和発効前接収に該当するため、補償を得られない可能性が高いとされた。この問題について村長は「法の解釈はどうあろうと、人道的問題として補償すべき」と発言している[25]。

そして、4 月 25 日の「地主代表との合同協議会」で「従来通り、現状のまま継続使用して貰い度いとの意見」が出されたことを受けて、軍用地の返還を 3 日後に控えた 4 月 28 日、西原村議会は西原飛行場の「継続使用に関する請願」の提出を議決した。ある議員は「軍用地所有者は、405 世帯で人口にしても 2022 人に及んで居りますし、この人達は殆んどは軍より年々支払われる土地賃貸料によってその生活が維持されている現状であります」と発言した[26]。米軍政府占領 14 年目において、コンクリートで覆われた土地を突然返されるよりも土地賃貸料の継続が求められ、村行政を通して軍用地の継続使用が画策されたのだった。しかしそれはうまくいかず、軍用地は予告通り返還された。

その後の議会では「1945 年 8 月終戦から 1952 年 4 月対日平和条約発効までの 7 ヶ年」における「米軍使用による土地等の損害補償並びに米軍人軍属による生命の喪失身体の傷害に対する補償」を求める議題が数年にわたって議論された。解放された土地の整備が一向に進まないため、補償の問題は切実なものだった。それどころか、住民が土地賃貸料を失ったため村も税収を失い困窮し、特別交付税の申請もした。さらに解放地は海岸低地なので護岸整備をしなければならないため「日本国土の一部であります以上、国土保全という見地から日本政府は護岸の復旧は、当然義務がある」（昭和 37 年（1962）10 月 5 日）と日本政府へも働きかけた[27]。

土地所有者の特定は中城村同様に難航した。西原飛行場跡地では「飛行場構築は、主として客土による地均しの方法によったので、位置境界を証する地物の一部（例えば、井戸、道路、護岸、橋梁等）が土中に埋没した」上に、「当該地域を管轄する登記所は、戦災を被ったため、土地の位置境界を公示する公図および公簿は焼失し、自然境界は破壊され」たためである。しかも「所有権認定事業当時（昭和21～26年）、当該地域は、米軍の基地として使用されていたため、立入が許されず、復元能力を有しない地図（字限図）が机上で作成された」のみだったばかりか、土地返還後の「昭和40年に琉球政府によって、「土地調査法」に基づく土地調査が実施され、地籍図原図が地図編纂により作成されたが、土地所有者等の承認が得られず地籍の確定はできなかった」という事情もあり、事態はより混迷した[28]。過大申告および過小申告については「現行登記簿面積と現地面積と比較して過不足が生ずるが、地主は過不足を強く主張して譲らない例が多い。所有権認定事業当時の手続上および申告上の過誤によって生じたと思われるが、これを証明する資料が存在しないため、一律の取扱いしか出来ず、その結果、利益、不利益を誰かが受けることに成り、問題が残る」[29]と課題が指摘されている。

4. 返還後の跡地利用と統合拝所

工場誘致―西原町小那覇の下―

西原飛行場跡地の復旧は、返還から10年経っても進まなかった。その間、一帯をまとめて土地改良しすべて農地（「一大モデル農場」）にする計画もあったが、地主との関係や補償費、筆界の確定がうまくまとまらず、立ち消えとなった[30]。

その後に当選した宮平吉太郎村長（当時）は施政方針から企業誘致の必要性を説いた。村議会会議録には企業誘致案に関連して、ある議員による旧西原飛行場周辺の昭和45年（1970）当時の状態と課題についての発言が記録されている。「ご承知のようにこの地域には道路施設が皆無に等しく（略）旧飛行場跡の66万坪にわたる広大な地域は終戦この方放置されたまま、いまだに筆界の設定もなされず地主間の紛争は絶えない状態にあります」（昭和45年（1970）

6月18日)³¹⁾。「村長は施政方針の中で、13号線³²⁾以南のいわゆる旧飛行場跡周辺を工場地帯に指定しそこに企業を誘致して、雇用の拡大、村の発展を図っていきたいという構想を披瀝しておりましたが、先ずその構想を実現するためには現在皆無の状態にあるこの地域の道路、排水等の基本施設の整備が急務だと考えます」(同年6月30日)³³⁾。

西原飛行場跡地の筆界について村長の説明によると「土地調査庁の臨時土地調査が行われた(略)とき一応図面はできておりますけれども(略)将来土地改良事業をやるからただ自分の坪数があればよいという安易な気持ちで調査し、作成した図面でありますから、土地の位置が実際と図面とが喰い違っているところがかなりある」(同年6月18日)³⁴⁾。その経緯は「この地域が解放されたとき、その復元補償費とそれに足りない分は琉球政府の援助を受けて土地改良事業をやろうということで関係地主で土地改良組合をつくった」ため「68年の土地調査においても、どうせこの土地は土地改良をやるんだからということで、そういう考えで申告をし、測量をさせた」のだが「復元補償費を請求した時点の地主と現在の地主にかなりの移動があり、しかも補償費は請求した当時の地主に支払うということになりましたので、とうとうこの土地改良事業も潰れてしまった」というものだった(昭和46年(1971)6月17日)³⁵⁾。

小那覇の下の海岸地帯への企業誘致には、エッソ・スタンダード(沖縄)株式会社(現・南西石油)が製油所および関連設備の建設に名乗りを上げた。その建設用地に供するため昭和45年(1970)12月15日に「西原村伊保浜、仲伊保旧飛行場地先」の約2万坪の埋め立ての要請についても議論され³⁶⁾、翌年1月30日に埋め立てについて異議がない旨が議決されている³⁷⁾。その開発に関して、「小那覇の部落を通って中城村和宇慶に出る旧県道の復活についてでありますけれど、ご承知のようにこの地域は戦争中一番戦災を被ったところで、土地の境界設定の問題等で未だに放置されたままになっています。最近大型企業の進出によって、この旧県道の復活は産業道路としても大変重要」(昭和45年(1970)12月15日)³⁸⁾、「この地域はエッソの進出を契機として、これから大いに発展する可能性がある」(同日)³⁹⁾、「エッソが仲伊保、伊保浜地先に170エーカー埋立てておりまして、この埋立地は本村の区域に編入しなければならない」(昭和46年(1971)6月17日)⁴⁰⁾といった発言がなされている。

エッソの製油所は昭和 47 年（1972）1 月に竣工した。その後、現在に至るまで小那覇の下一帯には製油所を初めコンクリート工場などが誘致され工場地帯となっており、かつて肥沃さで知られた土地には今日、畑地も住宅もほとんど見当たらない。

統合拝所―西原町仲伊保、中城村和宇慶―

西原飛行場周辺が立入禁止区域とされたために、集落ごと移転させられた西原町仲伊保と中城村和宇慶では、集落内の複数の拝所や井戸を 1 か所に集約させた「統合拝所」を設置している[41]。この 2 集落を比べてみると、同じように統合拝所を設けた事例であっても、散り散りになった屋取集落起源の集落と、集団移転した行事の多い古村（ムラ）起源の集落とでは状況が異なることが明らかになる。

まず、元は屋取集落で大正時代に字（行政区）として独立した西原町仲伊保は、飛行場によって全住民の移転を余儀なくされた上、かつての仲伊保の集落は既述した工場地帯の中であるため、ついに住民は元の土地に戻れなかった。かつて集落があった場所には昭和 56 年（1981）4 月 25 日付で改築された「仲伊保拝所」という統合拝所の建物がある（図 2）。入り口には鳥居が設けられ、かつての集落内の拝所名や火神・海神と刻まれた石や仮の井戸が安置されている。建物内の「建設寄附者御芳名」には、住民からの数千～数万円の寄付のほか、石油関連や建設関連の企業 15 社からの合計約 200 万円の寄附が記録され

図 2　仲伊保の統合拝所

ている。

　仲伊保は「他部落に分散して生活していても、戦前同様に区長が置かれ、一行政区として機能していた」が「昭和52年9月、行政区改編がおこなわれ（略）仲伊保に区長は置かれなくなった」[42]。つまり行政区としてのまとまりを維持できなかったのである。

　一方、中城村和宇慶の住民は、元の集落（住宅地）の北側に新たに集落を作った。仲伊保と和宇慶の違いは、前者が屋取集落を起源で狭い字の土地を丸ごと飛行場に奪われ住民の住所がなくなったのに対し、後者は元の集落は立入禁止になったものの制限の及ばない字（行政区）の地籍内に住宅をまとめて移転できた点にある。そして軍用地の返還に伴って、和宇慶の旧集落の土地は少しずつ農耕地へと整備された。

　その後しばらく、村落祭祀の対象となる拝所や古井戸は元の場所――つまり畑の中――に残されていたため、村落祭祀は畑の中で続けられていたが、昭和58年（1983）に土地改良事業を機に統合拝所が設けられ、そこに畑の中に点在していた拝所や井戸を集約させた。敷地内に「土地改良地域／統合拝所之碑／昭和58年9月18日」と記された記念碑があり、平成6年（1994）に慰霊碑も建てられた（図3）。統合拝所には、火の神、五つの御井（ビソル、安里、中軸、世利、外間）、龍宮御神などが集められている（図4）。旧来の古村（ムラ）起源の集落である和宇慶には、拝むべき拝所も行事も多かった。1月3日のハチウクシ（初起こし。その年の最初の拝みごと）、8月15日の十五夜、9月9日の菊酒、

図3　和宇慶の統合拝所内の慰霊碑

図4　和宇慶の統合拝所に集められた井戸や拝所

12月24日のウガンプトゥチ（御願ほどき。その年の最後の拝みごと。以上、日付はいずれも旧暦）などである。

統合拝所の場所は、かつての集落の中、かつ現在の集落の外れに位置する。Aさんはこの統合拝所の完成を「まさに新和宇慶の定着」と表現した。それまでは移転した集落を住所としながらも、行事の際には旧集落の拝所に通っていたのだが、新集落の近くに拝所を集めることで、新集落を中心とした暮らしが祭祀の上でも整ったからである。

5. 農地整備と1つの門中からなる自治会

字まるごと畑地に―中城村南浜―

屋取集落起源の字で戸数もそれほど多くなかった南浜の住民は、字（行政区）の土地が飛行場の拡張で立入禁止になった際に、同じく屋取集落起源の仲伊保同様、周辺の他字（和宇慶や北浜など）に間借りした。元屋取集落で、面積約27 ha（約8万坪）[43]の土地は、返還後どのように活用されたのだろうか。

昭和25年（1950）頃に所有権証明書交付がなされ飛行場の土地が返還されたとき、南浜自治会はアスファルトに覆われた字の地籍のほぼすべてを畑地として切り拓き、住民は他の字内に間借りしたまま帰らないことにした。その後、昭和60年代に土地改良を済ませ、南浜は中城村内でも指折りの農業集落となり、島人参・島大根・菊（電照菊）の栽培で知られている（図5）。

ところで現在、中城村の「行政区別住民基本台帳人口及び世帯数」によると、南浜には77世帯（平成27年（2015）1月現在）が登録されている。ところが実際に南浜に行ってみると、畑地ばかりで住宅は10軒程度しか見当たらない。70余世帯もの南浜住民がどこに住んでいるのかというと、近くの他字内に散らばったままであり、つまり住民が住んでいない字（行政区）なのである。このことから南浜の自治会員（住民）とは南浜の地籍内に畑地を持っている人と言える。しかし、それは二義的なものに過ぎない。

実際のところ、南浜の住民として登録され、南浜自治会員になっている人々は一部の例外を除いて、ほぼ士族系の楽姓門中に属する安里さんたちなのである。南浜はもともと安里屋取と呼ばれ、楽姓の安里家が琉球時代の終わる頃に

図5 南浜の農地遠景（右端に西原の製油所）

開墾し始めた屋取集落だった。戦前の一時期に隣接する仲松屋取とともに仲里という字として津覇と和宇慶から独立した後、北浜（元・仲松屋取）と南浜（元・安里屋取）に分かれて現在に至る。安里門中の人々が、かつて自らの門中の名を冠した安里屋取が独立を勝ち取った字（行政区）である南浜に属することを求めた結果、土地を追われてもなお南浜自治会員であり続けるという現状が生じたのである。

祭祀を介した住民の結束

　ばらばらに住んでいる南浜の住民の結束について自治会長を務めたBさん（昭和19年（1944）生）は、かつての自分たちの集落を忘れきれないという「ユイの心」が南浜をつなげていると語る。Bさん自身の家は、戦前に父の代に母の実家である安里家を頼って村内の他字から南浜に転入してきた世帯だが、他姓である自分の家も含めて南浜自治会をみんな親戚であると述べる。今も南浜は三つの班に分かれ、公民館の光熱費などを班ごとに徴収している。葬式が出たときは全戸に知らせ、長寿の年祝いもあやかりに集まる。また年に1度の忘年会も開かれている。戦後の頃まで、古村と新村（屋取集落）の間にはその

成立事情の違いを背景とした区別があったといい、それもまた周囲の他の字になじみきれなかった理由として挙げられる。

南浜の安里門中のホンケ（本家）夫妻（昭和3年（1928）生・昭和8年（1933）生）の住所は和宇慶の地番にあり、平成9年（1997）に安里門中のウカミヤー（御神屋）を敷地内に建て、先祖を祀る香炉を安置した。毎年旧暦5月と6月のウマチー（御祭）にはそこに安里門中の成員が集まるが、それはほぼ南浜自治会員である。

ホンケとウカミヤーは和宇慶にあるが、安里門中ひいては南浜自治会員にとって重要な祭祀対象が本来の南浜の地籍内に残されている。それは、かつての安里屋取に最初に移住してきたホンケの先祖の屋敷跡にある井戸で、アサトガー（ガーは井戸の意）と称する。今も拝まれている井戸（**図6**）は祭祀用の代用品で水は出ない。これは、土地返還後の土地改良で畑地と道路を整備した際、ホンケの屋敷跡と井戸がサトウキビ畑の真ん中に位置してしまい気軽に拝むことができないので、道路沿いに祭祀用として設置されたものである。人々はこの井戸を通して道路沿いから、畑の中の本物のアサトガーにウトゥーシ（お通し＝遥拝）をするのである。

一般に、集落単位での祭祀行事の少ないとされる屋取集落であっても水への感謝は古村（ムラ）と変わりなく行われる。南浜のアサトガーは先祖の生活を潤した大切な水源として旧正月2日と旧9月9日の南浜の行事で拝まれている。ふだんは分かれて住んでいる南浜自治会員がかつての南浜の土地に集まって行事を行う。本来ならば地縁結合であるはずの自治会が、実際は門中という父系に傾斜した血縁関係、もしくはかつて安里屋取あるいは字南浜の住民だったという歴史の共有による史縁関係[44]で成り立っているのである。

図6　南浜のアサトガー（祭祀用）

おわりに

　本章では、返還された軍用地がどのように利用・転用されてきたかの事例分析の一つとして、復帰（日本への施政権返還）前に返還された西原飛行場を事例に、沖縄戦による壊滅という断絶を越えて、日常を取り戻そうとした人々の実体験を論じた。そのために、接収前の原状、返還時の現状、そして返還後から現在に至る現状がいかなるものかを重視した。

　戦時中に日本軍によって土地を接収され散り散りになるまで、西原飛行場周辺の人々は先祖代々の肥沃な土地を耕して暮らしていた。飛行場建設がなくとも沖縄戦で壊滅的な打撃を受けたことに変わりはなかったかも知れない。しかし、日本軍から米軍に引き継がれた飛行場が厚いコンクリートで土地を覆ったことは、返還後の原状回復や復旧を大きく阻害し、焼け野原から復興した他地域とは別の労苦を住民たちに強いた。

　いずれも返還当初は、土地を戦前のような農業地帯に原状回復することを望み、努力を試みた。しかし、住民主導の土地改良で農業地帯に戻り戦前に近い生活を取り戻せた地域もあれば、ついにそれを諦め行政主導での工場誘致を選ばざるをえなかった地域もあった。返還を拒み継続使用を求めたり返還後の補償を求めたりしたことは、決して軍用地利権にすがったわけではなく、今村元義が指摘したように返還方法が使い捨て同然で地主側にとっても利用しがたい土地であり、暮らしを立てる術を奪われたまま返還後の計画も立たなかったからである。

　飛行場施設の外延部がかかった中城村の和宇慶では、規制範囲外の地籍内で暮らしの立て直しを図れたが、同村南浜や西原村仲伊保など飛行場に完全に覆われた集落は、散り散りの移転を余儀なくされた。例えば集落内の拝所を１か所に集約させる統合拝所という同じ方法でも、古村起源で拝所と行事の復活が新しい生活の成立と直結した和宇慶と、拝所だけは集めたものの屋取集落起源のためもともと行事は少なく、しかも元の住所に戻ることがかなわずに行政区も消滅した仲伊保とでは、経緯も現状も全く異なる。また、南浜は散り散りに住みながらもほぼ単一の門中からなるために元の結束を保ち続け、地主の利害

を一致させた土地改良を実現させ、行政区・自治会の維持が許された。

　軍用地の返還は、今日の沖縄においていまだ解決が見えない問題である。そもそも返還の見通しも立たず、返還後の再利用を考える段階にさえ至っていないところも多い。その面積は広大で、周辺一帯の都市化も進んでいる。また元の住民の高齢化・世代交替、さらには軍用地の転売が進んだため、地権者とその土地での元の暮らしは乖離してしまっている。とはいえ、すでに返還された軍用地の利用・転用の考察の積み重ねは今後の沖縄の軍用地問題にとって重要であり、本章で試みたような接収前から返還後にいたる実体験を追跡した考察の資するところは大きいと考える。

　付記　本章は、「軍用地返還後の土地利用と暮らし―西原飛行場一帯の原状と現状―」（『沖縄民俗研究』31 号、2013 年）に加筆したものである。

註
1) 宮城悦二郎「沖縄軍用地問題」（『歴史と地理』511 号、1998 年）p.7。「軍用地問題は二つの時期に分けることができる。米軍占領時代と復帰後である。米軍時代は相次ぐ台風で被害を受けた施設の修理・復旧、既設の暫定施設の恒久化、土地の新規接収による新基地の建設、地料の設定と軍用地に関する法的整備等が行われた時期である。」「復帰後は日米安保条約に基づいて日本政府が米軍によって建設された基地を、県民の基地縮小・整理の要請を押さえながら、いかに維持するかが問題とされた時期である。」
2) 今村元義「沖縄県における軍用地の利転用問題についての一考察」（『群馬大学教育学部紀要　人文・社会科学編』37 号、1988 年）pp.203-227。
3) 野原全勝・今村元義「沖縄における市町村開発行政の実態（2）―返還軍用地跡利用問題を中心に―」（『商経論集』9 巻 1 号、1980 年）pp.51-79。
4) 返還軍用地を農地に整理した例に読谷村の事例がある。新垣学「米軍用地返還跡地利用の土地区画整理事業について」（『区画整理』53 巻 11 号、2010 年）pp.51-54 によると、同村では「軍用地の跡地利用においては（略）村北部は農業的土地利用、南部は都市的土地利用」という方針を立てた。また、知花勝「沖縄県読谷西部地区―土地改良事業で返還軍用地を農業生産の場に―」（『圃場と土壌』467 号、2008 年）pp.19-23 によると、長浜川土地改良区の改良整備では 7 割を農地として農道や灌漑施設などを整備する一方で、3 割を農業の担い手のための宅地としたことで多くの地権者の同意を得た。
5) 『琉球新報』2010 年 11 月 2 日、1 面・3 面。
6) 西原町議会編『戦後の議会会議録集　第 2 集（1959 年～1962 年）』（1997 年）p.382。
7) 西原町編『戦争体験証言集　平和への証言』（2011 年）p.73。
8) 同上。

9) 前掲1) 宮城論文、pp.10、11。講和条約締結後、沖縄と奄美群島は日本から切り離され米軍による統治が続いた（奄美群島は翌年に本土復帰）。軍用地の強制収用は1952年5月15日の賃貸借契約書送付に始まり、同年11月1日の契約権の公布、翌年4月23日の土地収用令の発布そして同年12月の「それまで地主の承諾が得られなかった土地の占有権を勝手に正当化する」布告によって「一方的に契約を地主に押し付け」ることで成立した。「米軍はまるで白地図に線引きをするように策定した基地のマスタープランに従い、真和志の銘苅、安謝、岡野、平野に対して立退き命令を発し、武装兵に守られたブルドーザーがこれらの村落を敷きならした。引き続き、読谷、西原、中城、小禄、宜野湾、伊江島などの各村の集落を矢継ぎ早に接収していった」。
10) 沖縄県土地調査事務局編「西原飛行場跡地のモデル調査」（『沖縄の地籍』、1977年）pp.155-191。
11) 平良好利「「沖縄軍用地問題」の政策決定過程 ―1950年代後半を中心に―」（『沖縄文化研究』30号、2004年）pp.202、203。
12) 同上、p.222。
13) 田里友哲『論集　沖縄の集落研究』（離宇宙社、1983年）p.15。
14) 田里友哲「沖縄における屋取集落の研究」『琉球大学文理学部紀要　人文・社会第五部　開学十周年記念』（1960年）、および田里前掲による屋取の発生・発達期の分類は次の通り。第1期屋取：尚敬王代（1713～1751年）を中心とする前後の100年（1725年の貧乏士族の転職許可、1730年の転職を経て、三司官蔡温による主に次男以下を対象とした積極的な士族授産政策）。／第2期屋取：尚温王代（1795～1802年）以降、廃藩置県まで（屋取現象が一般化する段階。初期の帰農者も定着し、農村化した頃。一家を挙げて帰農するものも続出した）。／第3期屋取：沖縄の廃藩置県（1879）～土地整理（1899年）まで（廃藩士族の発生による屋取の増加。既存の屋取に血縁・知人を頼り移動。屋取の発達期）／第4期屋取：土地整理以降～（土地整理法によって、屋取の住民（旧士族）も土地所有ができるようになり、在来の古村（本村）から行政的単位村への独立が可能になった時期。なお主な独立期は明治年間、大正年間、昭和戦前、昭和戦後である。
15) 奥野彦六郎『沖縄の人身法制史』（至言社、1977年）pp.185-187。
16) 津波高志ほか編『沖縄国頭の村落　上巻』（新星図書出版、1982年）p.12。
17) 国土地理院蔵。陸軍陸地測量部が沖縄県下の地図を作成するに当たって基本情報を各役場に提出させたものである。項目は、甲（大字・大字ニ属スル部落ノ名、戸数・人口）、乙（道路、山川、原野、海湾、社寺、名勝、旧跡など）、丙（必要に応じた地図）の3種である。当資料を元に1919年から2万5000分の1の地図が作図された。
18) 久場土地区画整理事業竣工記念誌編集委員会編『久場土地区画整理事業竣工記念誌』（中城村久場土地区画整理組合、1991年）。中城村の久場に米軍によって設置された引揚者の一時受け入れ・検疫などのための施設。引揚者の受け容れ開始は1946年8月から。久場一帯の接収によって1946年に旧中城村は分断され現在の中城村と北中城村に分かれた。1981年の軍用地（キャンプ久場崎）返還まで久場集落の住民は近接する他の字に間借りしたり、近くに新集落を建設したりしていた。
19) 西原町編『西原町史　第3巻資料編2　西原の戦時記録』（1987年）p.524。
20) 同上、p.586。

21) 中城村議会編『中城村議会会議録（永久保存） 自一九四七 至一九五四』。「(1) 沖總第5号住民移動許可ノ文書讀上ゲラレタ後／既ニ北浜ハ同寫ヲ送付シアリシモ當間タンク附近ニ付イテハ契約書等受領ヲ要ス／(2) 當間地区ハタンクニ接近セヌ様考慮シテタンクノ撤去作業等ヲ考慮シ道路等ヲ除キ耕作スルコト／(3) タンク附近其ノ他ヲ除キ残ル耕作出来ル丈分配耕作セシムパイプ線附近ノ張線モ取コハシ耕作ヲ急グコト」（1947年9月17日）。

22) 同上資料には「終戦后村民モ8分通リノ落付タルニ戦前神ニ対スルウマチーノ復活シタイ旨回リタルニ年1回6月ウマチー施行スルコトニ協議セラル」（1947年6月17日）と旧暦6月のウマチー（御祭）行事の復旧が協議され、また「旧正月豚屠殺」（1948年2月2日）も議題に上っており徐々に暮らしが平時を取り戻す様子が垣間見える。

23) 前掲6) 西原町議会編著、p.11。

24) 同上。

25) 前掲6) 西原町議会編著、p.12。

26) 前掲6) 西原町議会編著、p.16。

27) 前掲6) 西原町議会編著、p.339。

28) 前掲10) 沖縄県土地調査事務局編著、p.160。

29) 前掲10) 沖縄県土地調査事務局編著、pp.187、188。

30) 西原町編『西原町史　第4巻資料編3　西原の民俗』（1989年）p.267。

31) 西原町議会編『戦後の議会会議録集　第7集（1970年1月〜1970年12月）』（2003年）pp.204、205。

32) 当時の政府道（軍道）13号で、復帰後の国道329号線。那覇市から沖縄本島の東海岸側を通過し名護市に至り、西原と中城の海岸低地のほぼ中央を通過する。

33) 前掲31) 西原町議会編著、p.371。

34) 前掲31) 西原町議会編著、p.206。

35) 西原町議会編『戦後の議会会議録集　第8集（1971年1月〜1971年12月）』（2004年）p.196。

36) 前掲31) 西原町議会編著、pp.440、441。

37) 前掲35) 西原町議会編著、p.5。

38) 前掲31) 西原町議会編著、p.431。

39) 前掲31) 西原町議会編著、p.432。

40) 前掲35) 西原町議会編著、p.202。

41) 小野尋子・清水肇・池田孝之・長嶺創正「戦後の沖縄集落の住民によって継承された民俗空間及び集落空間秩序の研究―沖縄県那覇市旧小禄村地区の被接収集落の変遷および再建過程を事例として―」（『日本建築学会計画系論文集』618号、2007年）p.54によると「拝みをして正式に御嶽及び拝所を「移した」という解釈で行っているが、接収地の中にも昔の御嶽があるので、移したのではなく「遥拝所」や「お通し場」なのではないかという考え」もあり「実際に基地内に今でも拝みに行く人もいる」。

42) 前掲30) 西原町編著、p.283。

43) 中城村編『中城村史　第2巻　資料編1』（1991年）p.47。

44) 武井基晃「史縁集団の伝承論―文字記録の読解と活用を中心に―」（『日本民俗学』235

号、2003 年）pp.1-33、同「伝承行為としての歴史観の修正とその必要性―沖縄本島におけるムラ・ヤードゥイ両集落の関係を事例に―」（『日本民俗学』251 号、2007 年）pp.88-117。

あとがき

　本書は、平成25年度から3年間、筑波大学東京キャンパス文京校舎で歴史・人類学専攻が主催・実施した、筑波大学大学院人文社会科学研究科公開講座「変革期の社会と人間―「破壊」と「再生」の歴史・人類学―」における報告を書籍としてまとめたものである。

　公開講座は、「変革期に発生した自然災害および戦争に注目して、それらによる「破壊」がいかなる状況と形態によって引き起こされてきたのか、また、「破壊」の後にどのようにして「再生」の方法を見出してきたのかを検証し、現代の私たちに課せられている問題を考えていく」ことを掲げ、遅野井茂雄前研究科長（現人文社会系長）・丸山宏前専攻長のご賛助をいただき、専攻IT・広報委員長の山澤学准教授が世話人となって開講した。

　各回の講座は2人の講師がそれぞれ75分間講義する形で行われ、初年度は山澤学（日本史学）・木村周平（文化人類学）、山本真（東洋史学）・中野泰（民俗学）、津田博司（西洋史学）・武井基晃（民俗学）、2年目の平成26年度は山澤・伊藤純郎（日本史学）、村上宏昭（西洋史学）・佐藤千登勢（西洋史学）、山本・ポール＝ハンセン（文化人類学）、滝沢誠（考古学）・中西僚太郎（歴史地理学）、3年目の平成27年度は伊藤・木村、山澤・中野、村上・武井が担当した。年度末の開講にもかかわらず、毎回20名前後の方が熱心に受講され、中には3年連続で受講された方もいた。毎回の質疑の時間には、受講生から鋭い質問やご指摘、そしてご賛同を少なからずいただくことができ、私たちの研究が決して「象牙の塔」ではなく、社会に提言しうる生きた学問としてあることを改めて確認する機会ともなった。

　本書の出版は、平成26年度公開講座の日時と講義概要を検討する会議の際、講義概要を書籍として出版し、歴史・人類学専攻によるさらなる「文系的な知」の発信を行いたい、という私の提案に、全員の先生が賛同されたことによる。その結果、序説および9編から成る本書ができあがり、このたび晴れて出版の運びとなった。この間の編集実務には、公開講座世話人であった山澤准教授の献身的なご尽力を賜った。

最後に、国立大学法人の人文社会系学部・大学院の縮小がかまびすしいなか、「文系的な知」の発信を試みた本書の意義を認め、厳しい査読を行ってくださった、松本浩一編集長をはじめとする筑波大学出版会編集委員の先生方、制作の連絡調整や編集事務に御尽力いただいた筑波大学出版会の飯塚桂子さん、影山和代さん、および制作会社の丸善プラネットの皆さまに御礼申し上げる。

　平成 28 年 9 月

　　　　　　　　　　　　　　筑波大学 歴史・人類学専攻長　伊藤　純郎

著者紹介 (執筆順、〔 〕内は分担箇所)

山澤　学（やまさわ　まなぶ）〔序説・2章〕
　　別掲。

滝沢　誠（たきざわ　まこと）〔1章〕
　　国立大学法人筑波大学人文社会系准教授。博士(文学)。専門は日本考古学。主要著作：『古墳時代の軍事組織と政治構造』（同成社、2015年）、『有度山麓における後期古墳の研究Ⅰ』（共編著、六一書房、2007年）、『静岡の歴史と文化の創造』（共編著、知泉書館、2008年）。

中西　僚太郎（なかにし　りょうたろう）〔3章〕
　　国立大学法人筑波大学人文社会系教授。博士（文学）。専門は歴史地理学。主要著作：『近代日本における農村生活の構造』（古今書院、2003年）、『近代日本の地域形成―歴史地理学からのアプローチ―』（共編著、海青社、2007年）、『近代日本の視覚的経験―絵地図と古写真の世界―』（共編著、ナカニシヤ出版、2008年）。

伊藤　純郎（いとう　じゅんろう）〔4章〕
　　別掲。

木村　周平（きむら　しゅうへい）〔5章〕
　　国立大学法人筑波大学人文社会系助教。博士（学術）。専門は文化人類学。主要著作：『震災の公共人類学―揺れとともに生きるトルコの人びと―』（世界思想社、2013年）、『災害フィールドワーク論』（共編著、古今書院、2014年）、『新しい人間、新しい社会―復興の物語を再創造する―』（共編著、京都大学学術出版会、2015年）。

村上　宏昭（むらかみ　ひろあき）〔6章〕

国立大学法人筑波大学人文社会系助教。博士（文学）。専門はドイツ史。
主要著作：『世代の歴史社会学―近代ドイツの教養・福祉・戦争―』（昭和堂、2012年・日本ドイツ学会奨励賞）、*Imagining Europe: Memory, Visions, and Counter-Narratives,* Göttingen, 2015（共著）、「衛生のアミューズメントパーク―ドレスデン国際衛生博覧会（1911年）の啓蒙戦略―」（『歴史人類』44号、2016年）。

佐藤　千登勢（さとう　ちとせ）〔7章〕

国立大学法人筑波大学人文社会系教授。Ph.D.(歴史学)。専門はアメリカ史。
主要著作：『軍需産業と女性労働―第二次世界大戦下の日米比較―』（彩流社、2003年）、『アメリカ型福祉国家の形成―1935年社会保障法とニューディール―』（筑波大学出版会、2013年）、『アメリカの福祉改革とジェンダー―「福祉から就労へ」は成功したのか？―』（彩流社、2014年）。

中野　泰（なかの　やすし）〔8章〕

国立大学法人筑波大学人文社会系准教授。博士（文学）。専門は民俗学。
主要著作：『近代日本の青年宿―年齢と競争原理の民俗―』（吉川弘文館、2005年）、『東アジア生活絵引（朝鮮時代風俗画編）』（共著、神奈川大学21世紀COEプログラム研究成果報告書、2008年）、『島と海と森の環境史（シリーズ日本列島の三万五千年―人と自然の環境史4）』（共著、文一総合出版、2011年）。

武井　基晃（たけい　もとあき）〔9章〕

国立大学法人筑波大学人文社会系准教授。博士（文学）。専門は民俗学。
主要著作：『盆行事と葬送墓制』（共著、吉川弘文館、2015年）、『〈境界〉を越える沖縄―人・文化・民俗―』（共著、森話社、2016年）、「系図と子孫―琉球王府士族の家譜の今日における意義―」（『日本民俗学』275号、2013年）。

編著者紹介

伊藤　純郎（いとう　じゅんろう）

国立大学法人筑波大学大学院人文社会科学研究科歴史・人類学専攻長、人文社会系教授。博士（文学）。専門は日本近現代史。
主要著作：『郷土教育運動の研究』（思文閣出版、1998年。増補版、2008年）、『柳田国男と信州地方史』（刀水書房、2004年）、『歴史学から歴史教育へ』（NSK出版、2011年）。

山澤　学（やまさわ　まなぶ）

国立大学法人筑波大学人文社会系准教授。博士（文学）。専門は日本近世史。
主要著作：『日光東照宮の成立―近世日光山の「荘厳」と祭祀・組織―』（思文閣出版、2009年）、『日光―その歴史と宗教―』（共著、春秋社、2011年）、『知の開拓者（パイオニア）たち―筑波大学開学40＋101周年記念特別展―』（共著、筑波大学附属図書館、2013年）。

破壊と再生の歴史・人類学
――自然・災害・戦争の記憶から学ぶ

2016年10月7日初版発行

編著者　伊藤　純郎・山澤　学

発行所　筑波大学出版会
　　　　〒305-8577
　　　　茨城県つくば市天王台1-1-1
　　　　電話（029）853-2050
　　　　http://www.press.tsukuba.ac.jp/

発売所　丸善出版株式会社
　　　　〒101-0051
　　　　東京都千代田区神田神保町2-17
　　　　電話（03）3512-3256
　　　　http://pub.maruzen.co.jp/

編集・制作協力　丸善プラネット株式会社

©Junro ITO / Manabu YAMASAWA, 2016　　Printed in Japan
組版／月明組版
印刷・製本／富士美術印刷株式会社
ISBN978-4-904074-41-1 C1020